Gatime italiane 2023

Receta origjinale dhe tradicionale nga kuzhina italiane

Fabrizio Rossi

PËRMBAJTJA

qepë të gatuara 9

Qepë me uthull balsamike 11

Qepë e kuqe Confi 13

Sallatë e pjekur me panxhar dhe qepë 15

Qepë perla me mjaltë dhe portokall 17

Qepë Bizele 19

Bizele me proshuto dhe qepë jeshile 21

Bizele të ëmbla me marule dhe nenexhik 23

Sallatë me bizele të Pashkëve 25

speca të pjekur 27

Sallatë me speca të pjekur 29

Speca të pjekura me qepë dhe barishte 30

Speca të pjekura me domate 32

Piper me uthull balsamike 34

speca turshi 36

Piper bajame 38

Speca me domate dhe qepë 40

Specat e mbushur 42

Speca napolitane të mbushura 45

Speca të mbushura, në stilin Island Boni 48

piper i skuqur 50

Speca të skuqura me kungull i njomë dhe mente 52

Piper i pjekur dhe terina patëllxhan 54

patate të ëmbla dhe të tharta 57

Patate me uthull balsamike 59

Patate veneciane 61

patate "të skuqura". 63

Patate dhe speca të pjekura 65

Pure patatesh me majdanoz dhe hudhra 67

Patate të reja me barishte dhe pancete 69

Patate me domate dhe qepë 71

Patate të pjekura me hudhër dhe rozmarinë 73

Patate të pjekura me kërpudha 75

Patate dhe lulelakër, stili Basilicata 77

Patate dhe lakër të skuqura 79

Byrek me patate dhe spinaq 81

Kroketa me patate napolitane 84

Byrek me patate napolitane të babait 87

domate të skuqura në tigan 90

domate të ziera në avull 92

domate të gatuara 94

Farro domate të mbushura 96

Domate të mbushura Romano 98

Domate të pjekura me uthull balsamike 100

karpaçio kungull i njomë 102

Kungull i njomë me hudhër dhe nenexhik 104

kungull i njomë i skuqur 106

Kungulleshka me proshuto 108

Kungull i njomë me thërrime parmixhani 110

kungull i njomë gratin 112

unaza gjalpi 114

nyje limoni 117

biskota pikante 120

biskota vafere 122

ravioli të ëmbël 125

Biskota "të shëmtuara por të mira". 128

vende bllokimi 130

Biskota me arra dhe çokollatë të dyfishtë 133

puthje me çokollatë 136

Çokollatë e pjekur me sallam 139

Biskota Prato 141

Biskota me fruta dhe arra umbriane 144

biskota me arra dhe limon 147

biskota me arra 149

makarona bajamesh 152

Makarona me arra pishe 155

shkopinj arra 157

Biskota me lajthi 159

biskota ylberi 161

Biskota me fiku të Krishtlindjeve 166

bajame e brishtë 170

Rrotullat e arrës siciliane 172

Biskotë 175

kek me agrume 177

Torte me limon dhe vaj ulliri 180

tortë mermeri 182

Tortë me rum 185

tortë gjyshe 189

Tortë me kajsi dhe bajame 193

tortë me fruta verore 197

kek me fruta vjeshte 200

Tortë me Polenta dhe Dardhë 203

cheesecake ricotta 206

Tortë me rikota siciliane 209

tortë me thërrime rikota 213

puding buke me biskota 216

byrek me mollë dhe dardhë 218

pastë e thjeshtë 221

qepë të gatuara

Cipolle al Forno

Bën 4 deri në 8 racione

Këto qepë bëhen të buta dhe të ëmbla kur gatuhen; Provojeni me mish viçi të pjekur.

4 qepë mesatare të bardha ose të kuqe, të qëruara

një/2 filxhan bukë të thatë

një/4 filxhanë të sapo grirë Parmigiano-Reggiano ose Pecorino Romano

2 lugë gjelle vaj ulliri

Kripë dhe piper i zi i sapo bluar

një. Ziejeni ujin në një tenxhere mesatare. Shtoni qepët dhe zvogëloni zjarrin në mënyrë që uji të vlojë. Gatuani për 5 minuta. Lërini qepët të ftohen në ujin e tiganit. Kullojmë qepët dhe i presim në gjysmë në mënyrë tërthore.

dy. Vendosni një raft në mes të furrës. Ngrohni furrën në 350°F. Lyeni me yndyrë një fletë pjekjeje mjaft të madhe për të mbajtur qepët në një shtresë të vetme. Vendosim qepët në tigan me anën e prerë lart. Në një tas të vogël përziejmë thërrimet e bukës, djathin, vajin e ullirit, kripën dhe piperin. Sipër qepëve vendosim thërrimet e bukës.

3.Gatuani për 1 orë ose derisa qepët të jenë të artë dhe të buta kur shpohen me thikë. Shërbejeni të nxehtë ose në temperaturë ambienti.

Qepë me uthull balsamike

Cipolle me balsamik

Bën 6 racione

Uthulla balsamike plotëson aromën dhe ngjyrën e ëmbël të qepëve të kuqe. Ato shoqërohen mirë me mish derri ose bërxolla derri.

6 qepë të kuqe mesatare

6 lugë vaj ulliri ekstra të virgjër

3 lugë gjelle uthull balsamike

Kripë dhe piper i zi i sapo bluar

- **një.** Vendosni një raft në mes të furrës. Ngrohni furrën në 375°F. Rreshtoni një fletë pjekjeje me letër alumini.

- **dy.** Lani qepët, por mos i qëroni. Vendosim qepët në tavën e përgatitur. Gatuani qepën për 1 deri në 1 1/2 orë, derisa të zbutet kur shpohet me thikë.

- **3.** Prisni skajet rrënjësore të qepëve dhe hiqni lëkurën. Pritini qepët në katërsh dhe vendosini në një tas. Shtoni vaj, uthull, kripë dhe piper sipas shijes dhe përziejini që të bashkohen. Shërbejeni të nxehtë ose në temperaturë ambienti.

Qepë e kuqe Confi

Konfigurimi i Cipolle Rosse

Bën rreth 1 litër

Tropea, në bregdetin e Kalabrisë, është i njohur për qepët e kuqe të ëmbla. Edhe pse qepët e kuqe janë më pikante në Amerikë, sërish mund ta bëni këtë reçel të shijshëm që kemi ngrënë në Locanda di Alia në Castrovillari. Reçeli shërbehej me sardelet e arta të skuqura, por është i mirë edhe me bërxolla derri ose pulë të pjekur në skarë. Më pëlqen gjithashtu si një erëza djegëse, si pekorino e vjetër.

Një variant i reçelit përfshin nenexhik të freskët të copëtuar. Sigurohuni që të përdorni një tenxhere me fund të trashë dhe të mbani nxehtësinë shumë të ulët për të parandaluar ngjitjen e qepëve. Nëse thahen shumë shpejt, shtoni pak ujë.

1 1/4 kile qepë të kuqe, të grira imët

1 gotë verë e kuqe e thatë

1 lugë çaji kripë

2 lugë gjelle gjalpë pa kripë

1 lugë gjelle uthull balsamike

1 ose 2 lugë mjaltë

Rreth 1 lugë gjelle sheqer

një. Kombinoni qepën, verën e kuqe dhe kripën në një tenxhere të rëndë mbi nxehtësinë mesatare. Lëreni të vlojë dhe uleni nxehtësinë. Mbulojeni dhe gatuajeni, duke e përzier shpesh, për 1 orë e 15 minuta ose derisa qepët të zbuten. Qepët do të jenë paksa transparente.

dy. Shtoni gjalpin, uthullën balsamike dhe 1 lugë gjelle mjaltë dhe sheqerin. Gatuani nën kapak, duke e përzier shpesh, derisa i gjithë lëngu të ketë avulluar dhe përzierja të jetë shumë e trashë.

3.Lëreni të ftohet pak. Shërbejeni në temperaturë ambienti ose pak të ngrohtë. Kjo ruhet në frigorifer deri në një muaj. Për ta ringrohur, vendoseni konfit në një tas të vogël mbi një tenxhere me ujë të valë ose mikrovalë.

Sallatë e pjekur me panxhar dhe qepë

Insalata di Cipolla dhe Barbabietola

Bën 6 racione

Nëse nuk keni ngrënë kurrë panxhar të freskët në stinën e tij, duhet ta provoni patjetër. Ata janë jashtëzakonisht të ëmbël dhe të shijshëm kur janë të rinj dhe të butë. Blini ato në verë dhe në vjeshtë, kur janë në maksimumin e tyre. Me kalimin e moshës, ato bëhen drunore dhe pa shije.

6 panxhar, të prera dhe të pastruara

2 qepë të mëdha, të qëruara

6 lugë vaj ulliri

2 lugë gjelle uthull vere të kuqe

Kripë dhe piper i zi i sapo bluar

6 gjethe borziloku të freskët

një. Vendosni një raft në mes të furrës. Ngrohni furrën në 400°F Fërkoni panxharin dhe mbështilleni në një fletë të madhe petë, mbylleni fort. Vendoseni paketimin në tepsi.

dy. Pritini qepët në copa të vogla. I vendosim në një tepsi dhe i hedhim me 2 lugë vaj ulliri.

3. Fusim në furrë tufën e panxharit dhe tavën e qepëve krah për krah. Gatuani për 1 orë ose derisa panxhari të zbutet kur shpohet me thikë dhe qepët të marrin ngjyrë kafe të artë.

Katër. Lëreni panxharin të ftohet. Qëroni lëkurën dhe pritini panxharët në copa.

5. Në një tas të madh, skuqni panxharin dhe qepët me 1/4 filxhan vaj ulliri, uthull dhe kripë e piper. Spërkateni me borzilok dhe shërbejeni menjëherë.

Qepë perla me mjaltë dhe portokall

Cipolline Profumate all'Arancia

Bën 8 racione

Qepët e ëmbla dhe të tharta të perlave të aromatizuara me mjaltë, portokall dhe uthull janë të mira si meze me gjelin e detit ose kapon, mish derri të pjekur ose sallam të prerë në feta. Mund t'i bëni para kohe, por duhet të nxehen pak para se t'i shërbeni.

2 kilogramë qepë perla

1 portokall kërthizë

2 lugë gjelle gjalpë pa kripë

një 1/4 filxhan mjaltë

një 1/4 filxhan uthull vere të bardhë

Kripë dhe piper i zi i sapo bluar

një. Sillni një tenxhere të madhe me ujë të ziejë. Shtoni qepët dhe ziejini për 3 minuta. Kullojeni dhe ftohuni nën ujë të rrjedhshëm. Rruani majën e majave të rrënjës duke përdorur një thikë të mprehtë kuzhine. Mos i prisni skajet shumë thellë përndryshe qepët do të copëtohen ndërsa gatuhen. Hiqni lëkurat.

dy. Hiqni lëkurën e portokallit duke përdorur një qërues perimesh me një teh rrotullues. Vendosni shiritat e shijes dhe pritini në shirita të hollë. Shtrydhni lëngun e portokallit. Lëreni mënjanë.

3.Në një tigan të madh shkrini gjalpin në zjarr mesatar. Shtoni qepët dhe ziejini për 30 minuta ose derisa të skuqen lehtë, duke tundur tiganin herë pas here për të parandaluar ngjitjen.

Katër. Shtoni lëngun e portokallit, lëkurën, mjaltin, uthullën dhe kripë e piper për shije. Ulni nxehtësinë në të ulët dhe ziejini për 10 minuta, duke i kthyer qepët shpesh, derisa të zbuten kur shpohen me thikë dhe mbulohen me salcë. Lëreni të ftohet pak. Shërbejeni të nxehtë.

Qepë Bizele

Cipolle dhe Piselli

Bën 4 racione

Pak ujë i shtuar në tigan ndihmon që qepët të zbuten dhe të zbuten pa i bërë ato të zeza. Ëmbëlsia e qepës rrit shijen e bizeleve.

2 lugë gjelle vaj ulliri

1 qepë mesatare, e grirë hollë

4 lugë gjelle ujë

2 gota bizele të freskëta ose 1 pako (10 ons) bizele të ngrira

një majë trumzë të thatë

Kripë

një. Hidhni vaj në një tenxhere të mesme. Shtoni qepën dhe 2 lugë ujë. Gatuani, duke e trazuar shpesh, derisa qepa të jetë shumë e butë, rreth 15 minuta.

dy. Shtoni bizelet, 2 lugët e mbetura ujë, trumzën dhe kripën. Mbulojeni dhe gatuajeni derisa bizelet të zbuten, 5 deri në 10 minuta.

Bizele me proshuto dhe qepë jeshile

Piselli al Prosciutto

Bën 4 racione

Këto bizele janë të mira me bërxolla qengji ose qengji të pjekur.

3 lugë gjalpë pa kripë

4 qepë të njoma, të grira dhe të prera hollë

2 gota bizele të freskëta ose 1 pako (10 ons) bizele të ngrira

1 lugë çaji sheqer

Kripë

4 feta të holla proshuto italiane të importuara, të prera në mënyrë tërthore në shirita të hollë

- **një.** Shkrini 2 lugë gjalpë në një tigan mesatar. Shtoni qepët e njoma dhe ziejini për 1 minutë.
- **dy.** Shtoni bizele, sheqer dhe kripë sipas shijes tuaj. Shtoni 2 lugë ujë dhe mbyllni kapakun e tenxheres. Gatuani në zjarr të ulët për 5 deri në 10 minuta derisa bizelet të jenë të buta.

3. Shtoni proshuton dhe lugën e mbetur të gjalpit. Gatuani edhe 1 minutë dhe shërbejeni të nxehtë.

Bizele të ëmbla me marule dhe nenexhik

Piselli alla Mint

Bën 4 racione

Edhe bizelet e ngrira kanë shije të freskëta kur përgatiten në këtë mënyrë. Sallata shton një kërcitje të lehtë dhe nenexhiku shton një aromë të ndritshme dhe të freskët.

2 lugë gjelle gjalpë pa kripë

një4 gota qepë, e grirë shumë hollë

2 gota bizele të freskëta ose 1 pako (10 ons) bizele të ngrira

1 filxhan gjethe marule të copëtuara

12 gjethe mente, të prera në copa

Kripë dhe piper i zi i sapo bluar

një. Në një tenxhere të mesme shkrini gjalpin në zjarr mesatar. Shtoni qepën dhe gatuajeni për rreth 10 minuta derisa të zbutet dhe të marrë ngjyrë kafe të artë.

dy. Shtoni bizelet, marulen, gjethet e mentes dhe kripë e piper sipas shijes. Shtoni 2 lugë ujë dhe mbyllni kapakun e tenxheres. Gatuani për 5 deri në 10 minuta ose derisa bizelet të zbuten. Shërbejeni të nxehtë.

Sallatë me bizele të Pashkëve

sallatë e pashkëve

Bën 4 racione

Në vitet 1950, Romeo Salta konsiderohej si një nga restorantet më të mira italiane në Nju Jork. Ajo u dallua për të qenë shumë elegante dhe për të shërbyer ushqime të Italisë së Veriut në një kohë kur shumica e njerëzve njiheshin me restorante të stilit familjar që shërbenin vetëm pjata me salcë të kuqe jugore. Pronari Romeo Salta kishte mësuar menaxhimin e restoranteve duke punuar në anije lundrimi luksoze dhe në atë kohë ishte terreni më i mirë i trajnimit për stafin e restorantit. Kjo sallatë shfaqej në meny rreth Pashkëve kur bizelet e freskëta u bënë të bollshme. Receta origjinale përfshinte edhe açuge, por unë preferoj sallatën pa to. Ndonjëherë bashkë me proshuton shtoj djathë zviceran të grirë ose një djathë të ngjashëm.

2 1/2 filxhan bizele të freskëta të prera ose 1 pako (10 ons) bizele të ngrira

Kripë

1 e verdhë veze e gatuar

një 1/4 filxhan vaj ulliri

një 1/4 filxhan lëng limoni

piper i zi i sapo bluar

2 ons proshuto italiane të importuara në feta, të prera diagonalisht në shirita të ngushtë

një. Për bizelet e freskëta ose të ngrira, vendoseni ujin të ziejë në një tenxhere mesatare. Shtoni bizele dhe kripë për shije. Gatuani derisa bizelet të zbuten, rreth 3 minuta. Kulloni qiqrat. Lëreni të ftohet nën ujë të ftohtë të rrjedhshëm. Thajini bizelet.

dy. Në një tas për servirje shtypni të verdhën e vezës me një pirun. Rrihni së bashku vajin, lëngun e limonit dhe kripën dhe piperin për shije. Shtoni bizelet dhe përziejini butësisht. Shtoni shiritat e proshutës dhe shërbejeni menjëherë.

speca të pjekur

Piper Arrostiti

Bën 8 racione

Specat zile të pjekura janë të mira në sallata, omëletë dhe sanduiçe. Ata gjithashtu ngrijnë mirë, kështu që mund të bëni një grumbull specash zile gjatë verës dhe t'i ruani për vaktet e dimrit.

8 speca të mëdhenj të kuq, të verdhë ose jeshil

një.E mbulojmë tavën me letër alumini. Vendoseni tiganin rreth 3 inç nga burimi i nxehtësisë. Hidhni të gjitha specat në tigan. Kthejeni skarën në nxehtësi të lartë. Specat i grijmë në grilë duke i kthyer shpesh me darë për rreth 15 minuta ose derisa lëkurat të ngrihen dhe të karbonizohen nga të gjitha anët. Vendosni specat në një enë. Mbulojeni me letër alumini dhe lëreni të ftohet.

dy. Pritini specat në gjysmë dhe kullojeni ujin në një enë. Qëroni lëkurën dhe hidhni farat dhe kërcellet.

3.Pritini specat për së gjati në shirita 1 inç dhe vendosini në një pjatë servirjeje. Kullojeni ujin mbi specat.

Katër. Ruajeni në temperaturën e dhomës ose në frigorifer dhe shërbejeni të ftohtë. Specat ruhen në frigorifer për 3 ditë, në frigorifer për 3 muaj.

Sallatë me speca të pjekur

Insalata di Pepperoni Arrostiti

Bën 8 racione

Shërbejini këto speca si pjesë e një meze, si pjatë anësore me ton ose mish derri të pjekur në skarë, ose si meze me mocarela të freskët të prerë në feta.

1 recetë (8 speca) speca të pjekur

një/3 filxhanë vaj ulliri ekstra të virgjër

4 gjethe borziloku, të prera në copa

2 thelpinj hudhre, te prera holle

Kripë dhe piper i zi i sapo bluar

>Nëse është e nevojshme, përgatisni specat. I rregullojmë specat me vaj, borzilok, hudhër dhe kripë e piper sipas shijes. Lëreni të qëndrojë për 1 orë përpara se ta shërbeni.

Speca të pjekura me qepë dhe barishte

Pepperoni Arrostiti me Cipolle

Bën 4 racione

Shërbejini këto speca të nxehtë ose në temperaturë ambienti. Ata gjithashtu bëjnë një majë të shkëlqyer për crostini.

një/2 recetëspeca të pjekur; përdorni piper zile të kuqe ose të verdhë

1 qepë mesatare, e përgjysmuar dhe e prerë hollë

një majë piper të kuq të grimcuar

2 lugë gjelle vaj ulliri

Kripë

një 1/2 lugë çaji trumzë e tharë, e thërrmuar

2 lugë majdanoz të freskët të grirë

një. Përgatitni specat në hapin 3 nëse është e nevojshme. Më pas kullojmë specat dhe i presim për së gjati në shirita 1/2 inç.

dy. Në një tigan mesatar, ziejini specin e kuq të grirë dhe qepën në zjarr mesatar derisa qepa të zbutet dhe të marrë ngjyrë kafe të artë, rreth 10 minuta. Shtoni piper, trumzë dhe kripë sipas shijes tuaj. Gatuani, duke e përzier herë pas here, derisa të ngrohet, rreth 5 minuta. Shtoni majdanozin dhe ziejini edhe për 1 minutë. Shërbejeni të nxehtë ose në temperaturë ambienti.

Speca të pjekura me domate

Pepperoni al Forno

Bën 4 racione

Në këtë recetë nga Abruzzo, një spec i freskët, jo shumë i kuq, i shijon specat zile. Piper i kuq i grimcuar ose një djegës i vogël i tharë mund të zëvendësohet. Këto speca janë të mirë për sanduiçe.

2 speca të mëdhenj të kuq zile

2 speca të mëdhenj të verdhë

1 spec, p.sh. jalapeno, me fara dhe te grira

3 lugë vaj ulliri

Kripë

2 thelpinj hudhre te grira

2 domate mesatare, të qëruara, të prera dhe të grira

një. Vendosni një raft në mes të furrës. Ngrohni furrën në 400°F. Lyeni me yndyrë një fletë të madhe pjekjeje. Vendosni specat në një dërrasë prerëse. Duke mbajtur dorezën me njërën dorë, futni buzën e një thike të madhe dhe të rëndë kuzhinieri pak mbi buzën e kapakut. Prerje. Kthejeni specin zile 90° dhe priteni sërish në feta. Përsëriteni duke i kthyer dhe prerë dy anët e mbetura. Hidhni bërthamën, farat dhe kërcellin, i cili do të jetë një copë. Pritini membranat dhe grijini farat.

dy. Pritini specat për së gjati në shirita 1 inç. Shtoni specat në tigan. Shtoni vajin dhe kripën sipas shijes dhe përziejini mirë. Përhapeni specat në tigan.

3. Piqni specat për 25 minuta. Shtoni hudhrat dhe domatet dhe përziejini mirë. Gatuani edhe për 20 minuta të tjera, derisa specat të zbuten kur shpohen me thikë. Shërbejeni të nxehtë.

Piper me uthull balsamike

piper balsamik

Bën 6 racione

Ëmbëlsia e uthullës balsamike plotëson ëmbëlsinë e specave. Shërbejeni të nxehtë me bërxolla derri ose qengji, ose në temperaturën e dhomës me pulë të ftohtë ose rosto derri.

6 speca të mëdhenj zile të kuqe

një 1/4 filxhan vaj ulliri

Kripë dhe piper i zi i sapo bluar

2 luge uthull balsamike

një. Vendosni një raft në mes të furrës. Ngrohni furrën në 400°F. Vendosni specat në dërrasën e prerjes. Duke mbajtur dorezën me njërën dorë, futni buzën e një thike të madhe dhe të rëndë kuzhinieri pak mbi buzën e kapakut. Prerje. Kthejeni specin zile 90° dhe priteni sërish në feta. Përsëriteni duke i kthyer dhe prerë dy anët e mbetura. Hidhni bërthamën, farat dhe kërcellin, i cili do të jetë një copë. Pritini membranat dhe grijini farat.

dy. Pritini specat në shirita 1 inç. I vendosim në një tigan të madh të cekët me vaj, kripë dhe piper. E përziejmë mirë. Piqni specat për 30 minuta.

3. Shtoni uthullën. Ziejini specat për 20 minuta më gjatë ose derisa të zbuten. Shërbejeni të nxehtë ose në temperaturë ambienti.

speca turshi

Piper Sott'Aceto

Bën 2 pintë

Specat shumëngjyrëshe të mbushura me uthull janë të shijshme në sanduiçe ose në mish. Këto mund të përdoren për të bërëSalcë djegës në stilin Molise.

2 speca të mëdhenj të kuq zile

2 speca të mëdhenj të verdhë

Kripë

2 gota uthull vere të bardhë

2 gota ujë

një majë piper të kuq të grimcuar

një. Vendosni specat në një dërrasë prerëse. Duke mbajtur dorezën me njërën dorë, futni buzën e një thike të madhe dhe të rëndë kuzhinieri pak mbi buzën e kapakut. Prerje. Kthejeni specin zile 90° dhe priteni sërish në feta. Përsëriteni duke i kthyer dhe prerë dy anët e mbetura. Hidhni bërthamën, farat dhe kërcellin, i cili do të jetë një copë. Pritini membranat dhe grijini farat. Pritini specat për së gjati në shirita 1 inç. Kullojini specat në një pjatë dhe spërkatini me kripë. Lëreni për 1 orë të kullojë.

dy. Në një tenxhere jo reaktive, kombinoni uthullën, ujin dhe paprikën e grimcuar. Lëreni të ziejë. E heqim nga zjarri dhe e presim që të ftohet pak.

3. Shpëlajini specat nën ujë të ftohtë dhe thajini. Vendosni specat në 2 kavanoza birre të sterilizuara. Hidhni përzierjen e ftohur me uthull dhe fikeni. Lëreni në një vend të freskët dhe të errët për 1 javë përpara përdorimit.

Piper bajame

Peperoni alle Mandorle

Bën 4 racione

Një mikeshë e vjetër e nënës sime, familja e së cilës vjen nga Ischia, një ishull i vogël në Gjirin e Napolit, i dha asaj këtë recetë. Për drekë i pëlqente ta servirte në feta bukë italiane të skuqura në vaj ulliri deri në kafe të artë.

2 speca të kuq dhe 2 të verdhë

1 thelpi hudhër të grirë pak

3 lugë vaj ulliri

2 domate mesatare, të qëruara, të prera dhe të grira

një 1/4 filxhan ujë

2 lugë gjelle kaperi

4 fileto açuge të grira

4 oce bajame të thekura, të grira trashë

një. Vendosni specat në një dërrasë prerëse. Duke mbajtur dorezën me njërën dorë, futni buzën e një thike të madhe dhe të rëndë kuzhinieri pak mbi buzën e kapakut. Prerje. Kthejeni specin zile 90° dhe priteni sërish në feta. Përsëriteni duke i kthyer dhe prerë dy anët e mbetura. Hidhni bërthamën, farat dhe kërcellin, i cili do të jetë një copë. Pritini membranat dhe grijini farat.

dy. Në një tigan të madh kaurdisim hudhrën me vaj në zjarr mesatar, duke e shtypur hudhrën një ose dy herë me pjesën e pasme të një luge. Kur të skuqet lehtë, hidhni hudhrën për rreth 4 minuta.

3. Shtoni specat në tigan. Gatuani, duke e përzier shpesh, derisa të zbutet, rreth 15 minuta.

Katër. Shtoni domatet dhe ujin. Gatuani derisa salca të trashet, rreth 15 minuta të tjera.

5. Shtoni kaperin, açugat dhe bajamet. provoni kripën. Gatuani edhe 2 minuta të tjera. Lëreni të ftohet pak para se ta shërbeni.

Speca me domate dhe qepë

peperonata

Bën 4 racione

Çdo rajon duket se ka versionin e vet të peperonata. Disa shtojnë kaperi, ullinj, barishte ose açuge. Shërbejeni këtë si një pjatë anësore ose si salcë për mish derri të pjekur ose peshk të pjekur në skarë.

4 speca të kuq ose të verdhë (ose një përzierje)

2 qepë mesatare, të prera hollë

3 lugë vaj ulliri

3 domate të mëdha, të qëruara, të prera dhe të grira trashë

1 thelpi hudhër të grirë imët

Kripë

një. Vendosni specat në një dërrasë prerëse. Duke mbajtur dorezën me njërën dorë, futni buzën e një thike të madhe dhe të rëndë kuzhinieri pak mbi buzën e kapakut. Prerje. Kthejeni specin zile 90° dhe priteni sërish në feta. Përsëriteni duke i kthyer dhe prerë dy anët e mbetura. Hidhni bërthamën, farat dhe kërcellin, i cili do të jetë një copë. Pritini membranat dhe grijini farat. Pritini specat në shirita 1/4 inç.

dy.Në një tigan të madh mbi nxehtësinë mesatare, ziejini qepët në vaj ulliri për rreth 10 minuta derisa të zbuten dhe të marrin ngjyrë kafe të artë. Shtoni shiritat e piperit dhe gatuajeni edhe për 10 minuta të tjera.

3.Shtoni domatet, hudhrën dhe kripën sipas shijes. Mbulojeni dhe gatuajeni për 20 minuta ose derisa specat të zbuten kur shpohen me thikë. Nëse mbetet shumë lëng, mbulojeni dhe ziejini derisa salca të trashet dhe të pakësohet. Shërbejeni të nxehtë ose në temperaturë ambienti.

Specat e mbushur

oriz piper

Bën 4 deri në 8 racione

Gjyshja ime i bënte gjithmonë këto speca në verë. I gatuaj në një tigan të madh të zi në mëngjes dhe për drekë ishin në temperaturën e duhur për t'i shërbyer me bukë të prerë.

1 1/4 filxhan bukë të thatë, natyrale e bërë nga bukë italiane ose franceze

një/3 filxhanë Pecorino Romano ose Parmigiano-Reggiano të sapo grirë

një 1/4 filxhan majdanoz të freskët të grirë

1 thelpi hudhër të grirë imët

Kripë dhe piper i zi i sapo bluar

Rreth 1/2 filxhan vaj ulliri

8 speca italiane te gjata jeshile te hapura per tiganisje

3 gota domate të freskëta, të qëruara, me fara dhe të prera, ose 1 kanaçe (28 ons) domate të grimcuara

6 gjethe borziloku të freskët, të prera në copa

një. Në një enë përzieni thërrimet e bukës, djathin, majdanozin, hudhrën, kripën dhe piperin sipas shijes. Shtoni 3 lugë gjelle ose vaj të mjaftueshëm për të lagur në mënyrë të barabartë thërrimet.

dy. Prisni majat e specave dhe hiqni farat. Hidheni përzierjen e bukës në speca, duke lënë rreth 1 centimetër hapësirë sipër. Mos i mbushni me tepri specat përndryshe do të bien gjatë gatimit.

3. Në një tigan të madh, ngrohni 1/4 filxhan vaj në nxehtësi mesatare derisa një copë piper të skuqet në tigan. Duke përdorur darë, shtoni me kujdes specat. Gatuani, duke e kthyer herë pas here me darë, derisa të skuqet nga të gjitha anët, rreth 20 minuta.

Katër. Spërkatni domatet, borzilokun dhe kripë e piper rreth specave. Lëreni të ziejë. Mbulojeni dhe gatuajeni derisa të zbuten shumë, rreth 15 minuta, duke i kthyer specat një ose dy herë. Nëse salca është shumë e thatë, shtoni pak ujë.

Zbulojeni dhe gatuajeni derisa salca të trashet, rreth 5 minuta të tjera. Shërbejeni të nxehtë ose në temperaturë ambienti.

Speca napolitane të mbushura

Pepperoni Alla Nonna

Bën 6 racione

Nëse sicilianët kanë mënyra të panumërta për të gatuar patëllxhanë, napolitanët kanë të njëjtën kreativitet me specat. Kjo është një tjetër recetë tipike napolitane që ka bërë gjyshja ime.

2 patëllxhanë të mesme (rreth 1 kile secila)

6 speca zile të mëdha të kuqe, të verdhë ose jeshile, të prera në shirita 1/2 inç

një/2 gota plus 3 lugë vaj ulliri

3 domate mesatare, të qëruara, të prera dhe të grira

3/4 filxhanë ullinj të zinj të butë, të grirë, të grirë, me vaj, p.sh. Gaeta

6 fileto açuge të grira hollë

3 lugë kaperi, të shpëlarë dhe të kulluar

1 thelpi i madh hudhër, i qëruar dhe i grirë imët

3 lugë majdanoz të freskët të grirë

piper i zi i sapo bluar

një/2 gota plus 1 lugë gjelle thërrime buke

një. Pritini patëllxhanët dhe i prisni në kubikë 3/4 inç. Vendosni copat në një kullesë, spërkatni secilën shtresë me kripë. Vendoseni kullesën në një pjatë dhe lëreni të kullojë për 1 orë. Lani patëllxhanët dhe thajini me një peshqir letre.

dy. Në një tigan të madh, ngrohni 1/2 filxhan vaj në zjarr mesatar. Shtoni patëllxhanin dhe gatuajeni, duke e përzier herë pas here, derisa të zbutet, rreth 10 minuta.

3. Shtoni domate, ullinj, açuge, kaper, hudhra, majdanoz dhe piper sipas shijes. Lëreni të ziejë, më pas gatuajeni edhe për 5 minuta të tjera. Shtoni 1/2 filxhan bukë dhe hiqeni nga zjarri.

Katër. Vendosni një raft në mes të furrës. Ngrohni furrën në 450°F. Lyeni me yndyrë një fletë pjekjeje mjaft të madhe për të mbajtur specat drejt.

5. Prisni bishtat e specave dhe hiqni farat dhe membranat e bardha. I mbushim specat me përzierjen e patëllxhanëve. Në tavën e përgatitur hidhni specat. Spërkateni me 1 lugë të mbetur bukë dhe spërkatni me 3 lugët e mbetura vaj.

6. Hidhni 1 gotë ujë rreth specave. Piqni për 1 orë e 15 minuta ose derisa specat të jenë shumë të butë dhe të skuqen lehtë. Shërbejeni të nxehtë ose në temperaturë ambienti.

Speca të mbushura, në stilin Island Boni

Pepperoni Ripieni alla Ada Boni

Bën 4 deri në 8 racione

Ada Boni ishte një shkrimtare e famshme italiane e ushqimit dhe autore e shumë librave të gatimit. Kuzhina lokale italiane është një klasik dhe një nga librat e parë mbi këtë temë të përkthyer në anglisht. Kjo recetë është përshtatur nga seksioni sicilian.

4 speca zile mesatare të kuqe ose të verdhë

1 filxhan bukë të thekur me thërrime

4 lugë gjelle rrush të thatë

një1/2 filxhan ullinj të zinj të butë, pa gropë, pa kore

6 fileto açuge të prera në kubikë

2 lugë borzilok të freskët të grirë

2 lugë kaperi të shpëlarë, të kulluar dhe të grirë

një/4 filxhanë plus 2 lugë vaj ulliri

1 filxhan Salcë domate siciliane

një. Vendosni një raft në mes të furrës. Ngrohni furrën në 375°F. Lyeni me yndyrë një tavë pjekjeje 13×9×2 inç.

dy. Duke përdorur një thikë të madhe dhe të rëndë kuzhine, prisni specat në gjysmë për së gjati. Pritini kërcellet, farat dhe membranat e bardha.

3. Në një tas të madh, përzieni thërrimet e bukës, rrushin e thatë, ullinjtë, açugat, borzilokun, kaperin dhe 1/4 filxhan vaj. Shijoni dhe rregulloni erëzat. (Kripa është ndoshta e panevojshme.)

Katër. Hidheni përzierjen në gjysmat e specit zile. Spërkateni me salcë. Piqni për 50 minuta ose derisa specat të jenë shumë të butë kur shpohen me thikë. Shërbejeni të nxehtë ose në temperaturë ambienti.

piper i skuqur

fritti me piper

Bën 6 deri në 8 racione

Të freskëta dhe të ëmbla, këto janë të vështira për t'u rezistuar. Shërbejeni me një tortilla ose ndonjë mish të gatuar.

4 speca të mëdhenj të kuq ose të verdhë

një 1/2 filxhan miell për të gjitha përdorimet

Kripë

një. Vendosni specat në një dërrasë prerëse. Duke mbajtur dorezën me njërën dorë, futni buzën e një thike të madhe dhe të rëndë kuzhinieri pak mbi buzën e kapakut. Prerje. Kthejeni specin zile 90° dhe priteni sërish në feta. Përsëriteni duke i kthyer dhe prerë dy anët e mbetura. Hidhni bërthamën, farat dhe kërcellin, i cili do të jetë një copë. Pritini membranat dhe grijini farat. Pritini specat në shirita 1/4 inç.

dy. Ngrohni rreth 2 inç vaj në një tenxhere të thellë derisa temperatura të arrijë 375°F në një termometër për tiganisje.

3. Rreshtoni një tabaka me peshqir letre. Hidheni miellin në një tas të cekët. Rrotulloni shiritat e specit zile në miell, duke shkundur tepricën.

Katër. Shiritat e piperit i shtojmë pak nga pak në vajin e nxehtë. Skuqini deri në kafe të artë dhe të butë, rreth 4 minuta. Kullojini në peshqir letre. Skuqni pjesën tjetër në tufa në të njëjtën mënyrë. Spërkateni me kripë dhe shërbejeni menjëherë.

Speca të skuqura me kungull i njomë dhe mente

Pepperoni dhe kungull i njomë në Padella

Bën 6 racione

Sa më gjatë të qëndrojë, aq më mirë ka shije, prandaj bëjeni më herët gjatë ditës për ta shërbyer për një vakt të mëvonshëm.

1 spec i kuq zile

1 spec zile të verdhë

2 lugë gjelle vaj ulliri

4 kunguj të vegjël të prerë në feta 1/4 inç

Kripë

2 lugë gjelle uthull vere të bardhë

2 thelpinj hudhre, te grira shume holle

2 lugë mente të freskët të copëtuar

një 1/2 lugë çaji trumzë e thatë

një majë piper të kuq të grimcuar

një. Vendosni specat në një dërrasë prerëse. Duke mbajtur dorezën me njërën dorë, futni buzën e një thike të madhe dhe të rëndë kuzhinieri pak mbi buzën e kapakut. Prerje. Kthejeni specin zile 90° dhe priteni sërish në feta. Përsëriteni duke i kthyer dhe prerë dy anët e mbetura. Hidhni bërthamën, farat dhe kërcellin, i cili do të jetë një copë. Pritini membranat dhe grijini farat. Pritini specat në shirita 1 inç.

dy. Në një tigan të madh, ngrohni vajin mbi nxehtësinë mesatare. Shtoni specat dhe gatuajeni duke e trazuar për 10 minuta.

3. Shtoni kungull i njomë dhe kripë për shije. Gatuani, duke e përzier shpesh, derisa kungull i njomë të zbutet, rreth 15 minuta.

Katër. Ndërsa perimet janë duke u gatuar, në një tas mesatar, përzieni uthullën, hudhrën, barishtet, piperin e kuq dhe kripën.

5. Shtoni specat dhe kungulleshkat. Lërini të qëndrojnë derisa perimet të jenë në temperaturën e dhomës. Shijoni dhe rregulloni erëzat.

Piper i pjekur dhe terina patëllxhan

Sformato di Peperoni dhe Melanzane

Bën 8 deri në 12 racione

Ky piper i pazakontë dhe i shtresuar bukur, patëllxhan dhe terine me aromë. Pasi lëngjet e specit të ftohen, ato xhelin pak dhe e mbajnë terinen të bashkuar. Shërbejeni si pjatë të parë ose si pjatë anësore me mish të pjekur në skarë.

i madh 4piper i kuq, të pjekura dhe të qëruara

2 patëllxhanë të mëdhenj (rreth 1 1/2 paund secila)

Kripë

vaj ulliri

një 1/2 filxhan gjethe borziloku të freskët të copëtuar

4 thelpinj të mëdhenj hudhër, të qëruara, të prera dhe të grira hollë

një 1/4 filxhan uthull vere të kuqe

piper i zi i sapo bluar

një. Nëse është e nevojshme, përgatisni specat. Pritini patëllxhanët dhe prijini për së gjati në feta 1/4 inç të trasha. Renditni fetat në një kullesë, spërkatni secilën shtresë me kripë. Lëreni të qëndrojë për të paktën 30 minuta.

dy. Ngrohni furrën në 450°F. Lyejini dy tava të mëdha pelte me vaj.

3. Shpëlajini fetat e patëllxhanit në ujë të ftohtë dhe thajini me peshqir letre. Patëllxhanët i radhisim në një rresht në kallëpe. Lyejeni me vaj. Pjekim patëllxhanët për rreth 10 minuta, derisa të marrin një ngjyrë kafe të lehtë. Kthejini copat me darë dhe gatuajeni për 10 minuta të tjera ose derisa të zbuten dhe të skuqen lehtë.

Katër. Kulloni specat dhe pritini në shirita 1 inç.

5. Rreshtoni një tepsi 8×4×3 inç me mbështjellës plastik. Në fund të tabakasë radhitni një rresht me feta patëllxhani, të mbivendosura me njëra-tjetrën. Në patëllxhanë radhisim specat e pjekur. Spërkateni me pak borzilok, hudhër, uthull, vaj dhe kripë e piper për shije. Vazhdoni shtresimin duke shtypur fort secilën shtresë derisa të përdoren të gjithë përbërësit. Mbulojeni me mbështjellës plastik dhe peshoni

përmbajtjen me një tepsi të dytë të mbushur me tepsi të rëndë. Lëreni në frigorifer për të paktën 24 orë ose deri në 3 ditë.

6. Për ta servirur hapim terinen dhe e kthejmë për ta servirur. Hiqni me kujdes mbështjellësin e plastikës. Terrinën e presim në feta të trasha. Shërbejeni të ftohtë ose në temperaturë ambienti.

patate të ëmbla dhe të tharta

Patate ne Agrodolce

Bën 6 deri në 8 racione

Kjo është një sallatë me patate siciliane për t'u shërbyer në temperaturën e dhomës me brinjë derri të pjekur në skarë, pulë ose sallam.

2 paund patate për të gjitha përdorimet, të tilla si Yukon Gold

1 qepë

2 lugë gjelle vaj ulliri

1 filxhan ullinj te zinj te bute pa kore, si Gaeta

2 lugë gjelle kaperi

Kripë dhe piper i zi i sapo bluar

2 lugë gjelle uthull vere të bardhë

2 lugë sheqer

një. Fërkoni patatet me një furçë nën ujë të ftohtë të rrjedhshëm. Qëroni ato nëse dëshironi. Nëse patatet janë të mëdha, i prisni në gjysmë ose në katërsh. Në një tigan të madh, ziejini qepën në vaj për rreth 10 minuta, derisa të zbutet dhe të marrë ngjyrë kafe të artë.

dy. Shtoni patatet, ullinjtë, kaperin, kripë dhe piper sipas shijes tuaj. Shtoni 1 gotë ujë dhe lëreni të vlojë. Piqeni për 15 minuta.

3. Përzieni uthullën dhe sheqerin në një tas të vogël dhe shtoni në tigan. Vazhdoni gatimin derisa patatet të zbuten, rreth 5 minuta. Hiqeni nga zjarri dhe lëreni të ftohet plotësisht. Shërbejeni në temperaturë ambienti.

Patate me uthull balsamike

patate balsamike

Bën 6 racione

Qepa e kuqe dhe uthull balsamike u japin shije këtyre patateve. Ata janë gjithashtu të mirë në temperaturën e dhomës.

2 paund patate për të gjitha përdorimet, të tilla si Yukon Gold

2 lugë gjelle vaj ulliri

1 qepë e kuqe e madhe, e grirë

2 lugë gjelle ujë

Kripë dhe piper i zi i sapo bluar

2 luge uthull balsamike

një.Fërkoni patatet me një furçë nën ujë të ftohtë të rrjedhshëm. Qëroni ato nëse dëshironi. Nëse patatet janë të mëdha, i prisni në gjysmë ose në katërsh.

dy. Ngrohni vajin në një tenxhere mesatare mbi nxehtësinë mesatare. Shtoni patatet, qepën, ujin, kripën dhe piperin sipas shijes. Mbuloni tenxheren dhe ulni zjarrin në minimum. Gatuani për 20 minuta ose derisa patatet të zbuten.

3. Hapeni tiganin dhe shtoni uthullën. Gatuani derisa pjesa më e madhe e lëngut të ketë avulluar, rreth 5 minuta. Shërbejeni të nxehtë ose në temperaturë ambienti.

Patate veneciane

Patate alla Veneziana

Bën 4 racione

Edhe pse unë përdor patatet e artë Yukon për shumicën e pjatave, ka shumë varietete të mira në dispozicion, veçanërisht në tregjet e fermerëve, dhe ato i shtojnë shumëllojshmëri pjatave me patate. Patatet e verdha finlandeze janë të mira për pjekje dhe pjekje, dhe të kuqet ruse janë të shkëlqyera në sallata. Sado e çuditshme të duken, patatet blu mund të jenë gjithashtu shumë të mira.

1 1⁄4 paund patate për të gjitha përdorimet, të tilla si Yukon Gold

2 lugë gjelle gjalpë pa kripë

1 lugë gjelle vaj ulliri

1 qepë mesatare të grirë

Kripë dhe piper i zi i sapo bluar

2 lugë majdanoz të freskët të grirë

një.Fërkoni patatet me një furçë nën ujë të ftohtë të rrjedhshëm. Qëroni ato nëse dëshironi. Nëse patatet janë të mëdha, i prisni në gjysmë ose në katërsh. Në një tigan të madh shkrijmë gjalpin me vajin në zjarr mesatar. Shtoni qepën dhe gatuajeni për rreth 5 minuta derisa të zbutet.

dy. Shtoni patatet dhe kripë e piper sipas shijes. Mbuloni tenxheren dhe gatuajeni, duke e përzier herë pas here, për rreth 20 minuta ose derisa patatet të zbuten.

3.Shtoni majdanozin dhe përziejini mirë. Shërbejeni të nxehtë.

patate "të skuqura".

Goditni veten për të kërcyer

Bën 4 racione

Kur porositni patate të skuqura në një restorant italian, kjo është ajo që merrni. Patatet bëhen pak krokante nga jashtë, të buta dhe kremoze nga brenda. Ato quhen patate "të skuqura" sepse shpeshherë duhet të trazohen ose të hidhen në tigan.

1 1/4 paund patate për të gjitha përdorimet, të tilla si Yukon Gold

një 1/4 filxhan vaj ulliri

Kripë dhe piper i zi i sapo bluar

një. Fërkoni patatet me një furçë nën ujë të ftohtë të rrjedhshëm. Qëroni patatet. Pritini ato në copa 1 inç.

dy. Hidhni vaj në një tigan 9 inç. Vendoseni tiganin mbi nxehtësi mesatare deri sa vaji të jetë shumë i nxehtë dhe një copë patate të skuqet kur shtohet.

3. Thajini patatet me një peshqir letre. Shtoni patatet në vajin e nxehtë dhe ziejini për 2 minuta. Ktheni patatet dhe gatuajeni edhe për 2 minuta të tjera. Vazhdoni të gatuani patatet, duke i kthyer ato çdo 2 minuta ose derisa të skuqen lehtë nga të gjitha anët, rreth 10 minuta në total.

Katër. Shtoni kripë dhe piper për shije. Mbulojeni tenxheren dhe gatuajeni për rreth 5 minuta duke i kthyer herë pas here derisa patatet të shpohen me thikë dhe të zbuten. Shërbejeni tani.

Variacion: Patate me barishte hudhër: Në hapin 4, shtoni 2 thelpinj hudhër të grirë dhe 1 lugë gjelle rozmarinë të freskët ose sherebelë të grirë.

Patate dhe speca të pjekura

Patate dhe speca në Padella

Bën 6 racione

Piper zile, hudhra dhe speci i kuq i shtojnë aromën kësaj skuqjeje të shijshme.

1 1/4 paund patate për të gjitha përdorimet, të tilla si Yukon Gold

4 lugë vaj ulliri

2 speca të mëdhenj të kuq ose të verdhë, të prerë në copa 1 inç

Kripë

një 1/4 filxhan majdanoz të freskët të grirë

2 thelpinj të mëdhenj hudhër

një majë piper të kuq të grimcuar

një. Fërkoni patatet me një furçë nën ujë të ftohtë të rrjedhshëm. Qëroni patatet dhe pritini në copa 1 inç.

dy. Në një tigan të madh, ngrohni 2 lugë vaj në zjarr mesatar. Thajini patatet mirë me peshqir letre dhe vendosini në tigan. Gatuani patatet, duke i përzier herë pas here, derisa të fillojnë të marrin ngjyrë kafe, rreth 10 minuta. Spërkatni kripë. Mbulojeni tiganin dhe gatuajeni për 10 minuta.

3. Ndërsa patatet ziejnë, ngrohni 2 lugët e mbetura vaj në një tigan tjetër në zjarr mesatar. Shtoni piper dhe kripë për shije. Gatuani, duke i përzier herë pas here, derisa specat të jenë pothuajse të butë, rreth 10 minuta.

Katër. Përziejini patatet dhe më pas shtoni specat. Shtoni majdanozin, hudhrën dhe piperin e kuq të grimcuar. Gatuani derisa patatet të zbuten, rreth 5 minuta. Shërbejeni të nxehtë.

Pure patatesh me majdanoz dhe hudhra

Patate Schiacciate all'Aglio e Prezzemolo

Bën 4 racione

Pureja e patateve është e shijshme italiane me majdanoz, hudhër dhe vaj ulliri. Nëse ju pëlqejnë patatet pikante, shtoni një majë të madhe piper të kuq të grimcuar.

1 1/4 paund patate për të gjitha përdorimet, të tilla si Yukon Gold

Kripë

një 1/4 filxhan vaj ulliri

1 thelpi i madh hudhre, i grire holle

1 lugë majdanoz i freskët i grirë

piper i zi i sapo bluar

një. Fërkoni patatet me një furçë nën ujë të ftohtë të rrjedhshëm. Qëroni patatet dhe i prisni në katërsh. Vendosini patatet në një tenxhere mesatare me ujë të ftohtë sa të mbulohen dhe kripë për shije. Mbulojeni dhe lëreni të vlojë.

Piqni për 15 minuta ose derisa patatet të jenë të buta kur shpohen me thikë. Kulloni patatet, rezervoni pak ujë.

dy. Thajeni tiganin në të cilin janë gatuar patatet. Shtoni 2 lugë vaj dhe hudhra dhe ziejini në zjarr mesatar për rreth 1 minutë, derisa hudhra të marrë erë. Shtoni në tigan patatet dhe majdanozin. Grini patatet me një pure ose pirun, përziejini mirë me hudhrën dhe majdanozin duke i përzier mirë. Shtoni vajin e mbetur, kripë dhe piper sipas shijes. Shtoni pak ujë për gatim nëse është e nevojshme. Shërbejeni tani.

Variacion: Pure patatesh me ullinj – Pak para se ta servirni, shtoni 2 lugë ullinj të zinj ose jeshil të grirë.

Patate të reja me barishte dhe pancete

Patatin alle Erbe Aromatiche

Bën 4 racione

Kështu gatuhen shijshëm patatet e reja. (Patatet e reja nuk janë një varietet. Çdo patate e sapo gërmuar me lëkurë të hollë mund të quhet patate e re.) Nëse nuk ka patate të reja, përdorni patate të gjithanshme.

1 1/4 kile patate të vogla të reja

2 ons pançetë të prera në feta, të copëtuara

1 qepë mesatare të grirë

2 lugë gjelle vaj ulliri

1 thelpi hudhër të grirë imët

6 gjethe borziloku të freskët, të prera në copa

1 lugë çaji rozmarinë të freskët të copëtuar

1 gjethe dafine

Kripë dhe piper i zi i sapo bluar

një.Fërkoni patatet me një furçë nën ujë të ftohtë të rrjedhshëm. Qëroni ato nëse dëshironi. Pritini patatet në copa 1 inç.

dy. Kombinoni pancetën, qepën dhe vajin e ullirit në një tigan të madh. Gatuani mbi nxehtësi mesatare derisa të zbuten, rreth 5 minuta.

3.Shtoni patatet dhe ziejini për 10 minuta duke i përzier herë pas here.

Katër. Shtoni hudhrën, borzilokun, rozmarinën, gjethen e dafinës dhe kripë e piper sipas shijes. Mbulojeni tenxheren dhe gatuajeni edhe për 20 minuta të tjera duke i përzier herë pas here derisa patatet të shpohen me pirun dhe të zbuten. Nëse patatet fillojnë të skuqen shumë shpejt, shtoni pak ujë.

5.Hiqni gjethen e dafinës dhe shërbejeni të nxehtë.

Patate me domate dhe qepë

Patate alla Pizzaiola

Bën 6 deri në 8 racione.

Patatet e pjekura me shije picash janë tipike në Napoli dhe pjesë të tjera të Jugut.

2 paund patate për të gjitha përdorimet, të tilla si Yukon Gold

2 domate të mëdha, të qëruara, të prera dhe të prera

2 qepë mesatare, të prera në feta

1 thelpi hudhër të grirë imët

një1/2 lugë çaji trumzë e thatë

një1/4 filxhan vaj ulliri

Kripë dhe piper i zi i sapo bluar

një. Ngrohni furrën në 450°F. Fërkoni patatet me një furçë nën ujë të rrjedhshëm të ftohtë. Qëroni ato nëse dëshironi. Pritini patatet në copa 1 inç. Në një fletë pjekjeje mjaft të madhe për të mbajtur përbërësit në një shtresë të vetme, kombinoni patatet, domatet, qepët, hudhrën, rigonin, vajin, kripën dhe piperin sipas shijes. Shpërndani përbërësit në mënyrë të barabartë në tigan.

dy. Vendosni një raft në mes të furrës. Ziejini perimet në skarë për 1 orë ose derisa patatet të jenë gatuar, duke i përzier 2 ose 3 herë. Shërbejeni të nxehtë.

Patate të pjekura me hudhër dhe rozmarinë

Patate Arroa

Bën 4 racione

Nuk mund të ngopem kurrë me këto patate kafe krokante. Askush nuk mund t'i rezistojë atyre. Truku për t'i bërë këto është të përdorni një tigan mjaft të madh që copat e patates mezi të preken dhe të mos vendosen njëra mbi tjetrën. Nëse tigani juaj i pulës nuk është mjaft i madh, përdorni një tigan me pelte 15×10×1 inç ose dy tigan më të vegjël.

2 paund patate për të gjitha përdorimet, të tilla si Yukon Gold

një1/4 filxhan vaj ulliri

1 lugë rozmarinë e freskët e copëtuar

Kripë dhe piper i zi i sapo bluar

2 thelpinj hudhre te grira holle

një. Vendosni një raft në mes të furrës. Ngrohni furrën në 400°F. Fërkoni patatet me një furçë nën ujë të ftohtë të rrjedhshëm. Qëroni ato nëse dëshironi. Pritini patatet në copa 1 inç.

Thajini patatet me një peshqir letre. Vendosini në një tigan të madh sa të mbajë patatet në një shtresë të vetme. Spërkateni me vaj dhe rregulloni me rozmarinë, kripë dhe piper. Shpërndani patatet në mënyrë të barabartë.

dy. Piqni patatet për 45 minuta, duke i trazuar çdo 15 minuta. Shtoni hudhrën dhe gatuajeni për 15 minuta të tjera ose derisa patatet të zbuten. Shërbejeni të nxehtë.

Patate të pjekura me kërpudha

Patate dhe Funghi al Forno

Bën 6 racione

Patatet marrin disa nga shijet e tyre të kërpudhave dhe hudhrës ndërsa skuqen në të njëjtin tigan.

1 1/2 paund patate për të gjitha përdorimet, si Yukon Gold

1 kile kërpudha, çdo lloj, të përgjysmuara ose të katërta nëse janë të mëdha

një 1/4 filxhan vaj ulliri

2 deri në 3 thelpinj hudhër, të prera hollë

Kripë dhe piper i zi i sapo bluar

2 lugë majdanoz të freskët të grirë

një. Vendosni një raft në mes të furrës. Ngrohni furrën në 400°F. Fërkoni patatet me një furçë nën ujë të ftohtë të rrjedhshëm. Qëroni ato nëse dëshironi. Pritini patatet në copa 1 inç. Vendosni patatet dhe kërpudhat në një tepsi të madhe pjekjeje. Hidhni perimet me vajin, hudhrën dhe pak kripë dhe piper.

dy. Ziejini perimet në skarë për 15 minuta. Hidhini mirë. Gatuani për 30 minuta të tjera, duke i përzier herë pas here, ose derisa patatet të zbuten. Sipër spërkatni majdanoz të grirë dhe shërbejeni të nxehtë.

Patate dhe lulelakër, stili Basilicata

Patate dhe Cavolfiore al Forno

4 deri në 6 persona

Vendosni një tigan me patate dhe lulelakër në furrë me mish derri të pjekur ose pulë për një darkë të mrekullueshme të së dielës. Skajet e perimeve duhet të jenë krokante dhe kafe, dhe shija e tyre duhet të përmirësohet nga aroma e trumzës.

1 lulelakër të vogël

një 1/4 filxhan vaj ulliri

3 patate mesatare për të gjitha përdorimet, si ari i Yukonit, të copëtuara

një 1/2 lugë çaji trumzë e tharë, e thërrmuar

Kripë dhe piper i zi i sapo bluar

një. Pritini lulelakrën në lule 2 inç. Pritini skajet e kërcellit. Pritini kërcellet e trasha në mënyrë tërthore në feta 1/4 inç.

dy. Vendosni një raft në mes të furrës. Ngrohni furrën në 400°F. Hidhni vaj në një tigan 13×9×2 inç. Shtoni perimet dhe përziejini mirë. Spërkateni me trumzë dhe kripë e piper sipas shijes. Përziejini sërish.

3. Piqni për 45 minuta ose derisa perimet të jenë të buta dhe të marrin ngjyrë kafe të artë. Shërbejeni të nxehtë.

Patate dhe lakër të skuqura

Patate dhe Cavolo në Tegame

Bën 4 deri në 6 racione

Versionet e kësaj pjate janë në dispozicion në Itali. Në Friuli, pançeta e tymosur shtohet në tiganin me qepë. Më pëlqen ky version i thjeshtë i Basilicata. Roza e zbehtë e qepës plotëson patatet e bardha kremoze dhe zarzavatet. Patatet janë aq të buta sa që kur lakra zbutet, bëhet si pure patatesh.

3 lugë vaj ulliri

1 qepë e kuqe mesatare, e grirë

një 1/2 kokë lakër mesatare, e prerë hollë (rreth 4 gota)

3 patate mesatare për të gjitha përdorimet, si Yukon Gold, të qëruara dhe të prera në copa të vogla

një 1/2 filxhan ujë

Kripë dhe piper i zi i sapo bluar

një. Hidhni vajin në një tigan të madh. Shtoni qepën dhe ziejini në zjarr mesatar, duke e përzier shpesh, derisa të zbutet, rreth 5 minuta.

dy. Shtoni lakrën, patatet, ujin dhe kripë e piper sipas shijes. Mbulojeni dhe gatuajeni, duke e përzier herë pas here, për 30 minuta ose derisa perimet të jenë të buta. Nëse perimet fillojnë të ngjiten së bashku, shtoni pak ujë. Shërbejeni të nxehtë.

Byrek me patate dhe spinaq

Torte me patate dhe spinaq

Bën 8 racione

Kur hëngra këtë tortë me perime me shtresa në Romë, ajo ishte bërë me radicchio në vend të spinaqit. Radiçio romake i ngjan një luleradhiqe të re ose rukole të pjekur. Spinaqi është një zëvendësues i mirë për radicchio. Për shijen më të mirë, lëreni këtë pjatë të ftohet pak para se ta shërbeni.

2 paund patate për të gjitha përdorimet, të tilla si Yukon Gold

Kripë

4 lugë gjalpë pa kripë

1 qepë e vogël, e grirë shumë hollë

1 1/2 paund spinaq, radikio, luleradhiqe ose chard zvicerane, të prera

një 1/2 filxhan ujë

një 1/2 filxhan qumësht të nxehtë

1 filxhan Parmigiano-Reggiano i sapo grirë

piper i zi i sapo bluar

1 lugë gjelle thërrime buke

një.Fërkoni patatet me një furçë nën ujë të ftohtë të rrjedhshëm. Qëroni patatet dhe vendosini në një tenxhere të mesme me ujë të ftohtë sa të mbulohen. Hidhni kripë dhe mbyllni kapakun e tenxheres. Lëreni të ziejë dhe gatuajeni për rreth 20 minuta ose derisa patatet të zbuten.

dy. Shkrini 2 lugë gjalpë në një tigan të vogël mbi nxehtësinë mesatare. Shtoni qepën dhe ziejini duke e përzier shpesh derisa qepa të zbutet dhe të marrë ngjyrë kafe të artë.

3.Vendosni spinaqin në një tenxhere të madhe me 1/2 filxhan ujë dhe kripë për shije. Mbulojeni dhe gatuajeni derisa të zbuten, rreth 5 minuta. Kullojeni mirë dhe shtrydhni lëngun e tepërt. Pritini spinaqin në një dërrasë.

Katër. Shtoni spinaqin në tigan dhe hidheni me qepën.

5.Kur patatet të jenë të buta, kullojini ujin dhe grijini derisa të jenë të lëmuara. Shtoni 2 lugët e mbetura gjalpë dhe qumësht.

Shtoni 3/4 gota djathë dhe përzieni mirë. I rregullojmë sipas shijes me kripë dhe piper.

6. Vendosni një raft në mes të furrës. Ngrohni furrën në 375°F.

7. Lyeni me bujari një tavë pjekjeje 9 inç me gjalpë. Vendosni gjysmën e patateve në tepsi. Bëni një shtresë të dytë me të gjithë spinaqin. Hidhni sipër patatet e mbetura. Spërkateni me 1/4 filxhani djathë të mbetur dhe thërrimet e bukës.

8. Piqni për 45 deri në 50 minuta ose derisa pjesa e sipërme të marrë ngjyrë kafe të artë. Lëreni të qëndrojë për 15 minuta përpara se ta shërbeni.

Kroketa me patate napolitane

Panzerotti ose Thur me grep

rreth 24 vjet më parë

Në Napoli, piceri kanë ngritur tezga në trotuar për të shitur këto trungje të shijshme pure patate në një xhaketë me kore, e cila e bën të lehtë për kalimtarët të hanë për drekë ose një meze të lehtë. Megjithatë, kjo është receta e gjyshes sime. Gjatë festave dhe festave gjatë gjithë vitit, ne hanim patate të skuqura, shpesh me një pjesë të mishit të pjekur.

2 1/2 paund patate për të gjitha përdorimet, si Yukon Gold

3 vezë të mëdha

1 filxhan Pecorino Romano ose Parmigiano-Reggiano i sapo grirë

2 lugë majdanoz të freskët të grirë

një/4 filxhanë sallam të grirë hollë (rreth 2 ons)

Kripë dhe piper i zi i sapo bluar

2 gota bukë të thatë

vaj vegjetal për tiganisje

një. Fërkoni patatet me një furçë nën ujë të ftohtë të rrjedhshëm. Vendosini patatet në një tenxhere të madhe me ujë të ftohtë sa të mbulohen. Mbuloni tenxheren dhe zieni ujin. Ziejini në zjarr mesatar për rreth 20 minuta, derisa patatet të shpohen me pirun dhe të zbuten. Kulloni patatet dhe lërini të ftohen pak. Qëroni patatet. Vendosini ato në një tas të madh dhe grijini me një pure ose pirun derisa të jenë të lëmuara.

dy. Ndani vezët, vendosni të verdhat në një tas të vogël dhe ndani të bardhat në një pjatë të sheshtë. Shpërndani thërrimet e bukës në letër dylli.

3. Puresë së patateve i shtoni të verdhën e vezës, djathin, majdanozin dhe sallamin. Shtoni kripë dhe piper për shije.

Katër. Me rreth 1/4 filxhan të përzierjes së patates, formoni një sallam rreth 1 inç të gjerë dhe 2 1/2 inç të gjatë. Përsëriteni me patatet e mbetura.

5. Rrihni të bardhat me një kamxhik ose pirun derisa të bëhen shkumë. Zhytni pykat e patateve në të bardhat dhe më pas rrotulloni ato në thërrime për t'i mbuluar plotësisht. Vendosni trungjet në një raft dhe lërini të thahen për 15 deri në 30 minuta.

6. Hidhni rreth 1/2 inç vaj në një tigan të madh e të rëndë. Ngroheni në nxehtësi mesatare derisa një pjesë e të bardhës së vezëve të skuqet kur derdhet në vaj. Vendosni me kujdes disa nga trungjet në tepsi duke lënë pak hapësirë mes tyre. Skuqini, duke e kthyer herë pas here me pincë, derisa të skuqet në mënyrë të barabartë, rreth 10 minuta. Kalojini kroketat e skuqura në peshqir letre për t'u kulluar.

7. Shërbejini menjëherë ose mbajini kroketat të ngrohta në një furrë të ulët ndërkohë që skuqni pjesën tjetër.

Byrek me patate napolitane të babait

gato'

Bën 6 deri në 8 racione

Gatto vjen nga fjala franceze që do të thotë "tortë". Prejardhja sugjeron se kjo recetë u popullarizua nga kuzhinierë monzu të trajnuar në Francë, të cilët gatuanin për aristokratët në oborrin e Napolit.

Ne e quanim tortë me patate në shtëpi dhe nëse nuk do të kishim patate të skuqura me darkën tonë të së dielës, do të kishim këtë pjatë me patate, specialiteti i babait tim.

2 1/2 paund patate për të gjitha përdorimet, si Yukon Gold

Kripë

një/4 filxhanë bukë të thatë

4 lugë gjelle (1/2 shkop) gjalpë pa kripë, i zbutur

1 filxhan qumësht të ngrohtë

1 filxhan plus 2 lugë gjelle Parmigiano-Reggiano të sapo grirë

1 vezë e madhe, e rrahur

një/4 lugë çaji arrëmyshk i sapo grirë

Kripë dhe piper i zi i sapo bluar

8 ons mocarela të freskëta, të copëtuara

4 ons sallam ose proshuto italiane të importuara, të copëtuara

një.Fërkoni patatet me një furçë nën ujë të ftohtë të rrjedhshëm. Vendosini patatet në një tenxhere të madhe me ujë të ftohtë sa të mbulohen. Shtoni kripë për shije. Mbuloni tenxheren dhe zieni ujin. Ziejini në zjarr mesatar për rreth 20 minuta, derisa patatet të shpohen me pirun dhe të zbuten. Kullojeni dhe lëreni të ftohet pak.

dy. Vendosni një raft në mes të furrës. Ngrohni furrën në 400°F. Lyejmë një enë pjekjeje prej 2 litrash. Spërkateni me thërrime buke.

3.Qëroni patatet, vendosini në një tas të madh dhe grijini me pure ose pirun derisa të jenë të lëmuara. Shtoni 3 lugë gjalpë, qumësht, 1 filxhan Parmigiano, vezët, arrëmyshk dhe kripë e piper për shije. Shtoni mocarelën dhe sallamin.

Katër. Përhapeni masën në mënyrë të barabartë në pjatën e përgatitur. Spërkateni me parmigianon e mbetur. Spërkateni me 1 lugë gjelle gjalpë të mbetur.

5. Piqni për 35 deri në 45 minuta ose derisa pjesa e sipërme të marrë ngjyrë kafe të artë. Lëreni të qëndrojë shkurt në temperaturën e dhomës përpara se ta shërbeni.

domate të skuqura në tigan

Pomodori në Padella

Bën 6 deri në 8 racione

Shërbejeni të grirë mbi tost si pjatë anësore me mish të pjekur në skarë ose të pjekur, ose si meze në temperaturën e dhomës.

8 domate kumbulla

një 1/4 filxhan vaj ulliri

2 thelpinj hudhre te grira holle

2 lugë borzilok të freskët të grirë

Kripë dhe piper i zi i sapo bluar

një. Lani dhe thajini domatet. Prisni dhe hiqni fundin e kërcellit të secilës domate duke përdorur një thikë të vogël. Pritini domatet në gjysmë për së gjati.

dy. Në një tigan të madh, ngrohni vajin me hudhrën dhe borzilokun në zjarr mesatar. Shtoni domatet e përgjysmuara. Spërkateni me kripë dhe piper. Piqni derisa domatet të marrin ngjyrë kafe të artë dhe të butë, rreth 10 minuta. Shërbejeni të nxehtë ose në temperaturë ambienti.

domate të ziera në avull

Pomodori me avull

Bën 4 racione

Këtu, domate të vogla të ëmbla gatuhen në lëngun e tyre. Shërbejeni si pjatë anësore me mish ose peshk, ose sipër një frittata. Nëse domatet nuk janë mjaftueshëm të ëmbla, shtoni pak sheqer gjatë gatimit.

1 litër domate qershi ose rrush

2 lugë vaj ulliri ekstra të virgjër

Kripë

6 gjethe borziloku, të grumbulluara dhe të prera në shirita të ngushtë

një. Lani dhe thajini domatet. Pritini ato në gjysmë nga fundi i kërcellit. Në një tenxhere të vogël bashkojmë domatet, vajin dhe kripën. Mbulojeni tiganin dhe vendoseni në zjarr të ulët. Gatuani për 10 minuta ose derisa domatet të jenë të buta, por të mbajnë formën e tyre.

dy. Shtoni borzilokun. Shërbejeni të nxehtë ose në temperaturë ambienti.

domate të gatuara

Pomodori al Forno

Bën 8 racione

Një shtresë me thërrime buke i shijon këto domate. Ata shkojnë mirë me peshkun e pjekur në skarë dhe shumicën e pjatave me vezë.

8 domate kumbulla

1 filxhan bukë thërrime

4 fileto açuge, të grira hollë

2 lugë gjelle kaperi të shpëlarë dhe të kulluar

një 1/2 filxhan Pecorino Romano i sapo grirë

një 1/2 lugë çaji trumzë e thatë

3 lugë vaj ulliri

Kripë dhe piper i zi i sapo bluar

një. Lani dhe thajini domatet. Pritini domatet në gjysmë për së gjati. Duke përdorur një lugë të vogël, hidhni farat në një sitë me rrjetë të imët të vendosur mbi një tas për të mbledhur lëngjet. Në një tigan të madh, skuqni thërrimet e bukës në zjarr mesatar, duke i përzier shpesh, për rreth 5 minuta, derisa aroma të mos marrë ngjyrë kafe. E heqim nga zjarri dhe e presim që të ftohet pak.

dy. Vendosni një raft në mes të furrës. Ngrohni furrën në 400°F. Lyeni me yndyrë një fletë të madhe pjekjeje. Lëkurat e domateve i vendosim në tigan me anën e prerë lart.

3. Në tasin me lëngun e domates shtoni thërrimet e bukës, açugat, kaperin, djathin, trumzën, kripën dhe piperin. Shtoni 2 lugë vaj ulliri. Mbushni përzierjen me lëkurat e domates. Spërkateni me lugën e mbetur të vajit.

Katër. Piqni për 40 minuta ose derisa domatet të jenë të buta dhe thërrimet të marrin ngjyrë kafe të artë. Shërbejeni të nxehtë.

Farro domate të mbushura

Pomodori Ripeni

Bën 4 racione

Farro, një kokërr e lashtë e njohur në Itali, bën një mbushje të mrekullueshme për domatet kur përzihet me djathë dhe qepë. Kam përjetuar diçka të ngjashme në L'Angolo Divino, një bar verë në Romë.

1 filxhan farro gjysmë perla (ose zëvendësoni bulgurin ose manaferrat e grurit)

Kripë

4 domate të mëdha të rrumbullakëta

1 qepë e vogël e grirë hollë

2 lugë gjelle vaj ulliri

një/4 filxhanë Pecorino Romano ose Parmigiano-Reggiano të grira

piper i zi i sapo bluar

një. Zieni 4 gota ujë në një tenxhere mesatare. Shtoni farro dhe kripë për shije. Gatuani derisa farro të jetë e butë, por ende e përtypur, rreth 30 minuta. Kullojeni farën dhe vendoseni në një enë.

dy. Në një tenxhere të vogël kaurdisim qepën në vaj në zjarr mesatar derisa të marrë ngjyrë të artë, rreth 10 minuta.

3. Vendosni një raft në mes të furrës. Ngrohni furrën në 350°F. Lyeni me yndyrë një fletë të vogël pjekjeje aq të madhe sa të mbajë domatet.

Katër. Lani dhe thajini domatet. Prisni një fetë 1/2 inç të trashë nga maja e secilës domate; lëre mënjanë. Duke përdorur një lugë të vogël, hiqni pjesën e brendshme të domateve dhe vendoseni tulin në një sitë rrjetë të imët të vendosur mbi një tas. Vendosim lëkurat e domates në tepsi.

5. Në enën me farro shtojmë lëngun e kulluar të domateve, qepët e skuqura, djathin dhe kripë e piper sipas shijes. Hidheni përzierjen në lëkurat e domates. Mbuloni domatet me pjesën e sipërme të rezervuar.

6. Gatuani për 20 minuta ose derisa domatet të jenë të buta. Shërbejeni të nxehtë ose në temperaturë ambienti.

Domate të mbushura Romano

Pomodori Ripieni alla Romana

Bën 6 racione

Kjo është një pjatë klasike romake që zakonisht hahet në temperaturën e dhomës si pjatë e parë.

3 1/4 filxhan oriz me kokrra mesatare, si Arborio, Carnaroli ose Vialone Nano

Kripë

6 domate të mëdha të rrumbullakëta

4 lugë vaj ulliri

3 fileto açuge, të grira hollë

1 thelpi i vogël hudhër, i grirë imët

një 1/4 filxhan borzilok të freskët të copëtuar

një/4 filxhanë Parmigiano-Reggiano të sapo grirë

një. Zieni 1 litër ujë në zjarr të fortë. Shtoni orizin dhe 1 lugë çaji kripë. Ulni nxehtësinë në minimum dhe gatuajeni për 10 minuta ose derisa orizi të jetë gatuar pjesërisht, por ende shumë i fortë. Filtrojeni mirë. Vendosni orizin në një tas të madh.

dy. Vendosni një raft në mes të furrës. Ngrohni furrën në 350°F. Lyeni me yndyrë një tepsi të madhe sa të mbajë domatet.

3.Pritini një fetë 1/2 inç nga maja e domateve dhe lërini mënjanë. Duke përdorur një lugë të vogël, hiqni pjesën e brendshme të domateve dhe vendoseni tulin në një sitë rrjetë të imët të vendosur mbi një tas. Vendosni lëkurat e domates në tigan.

Katër.Në enën me oriz shtojmë lëngun dhe vajin e kulluar të domateve, açugat, hudhrën, borzilokun, djathin dhe kripën sipas shijes. E përziejmë mirë. Hidheni përzierjen në lëkurat e domates. Mbuloni domatet me pjesën e sipërme të rezervuar.

5.Gatuani për 20 minuta ose derisa orizi të jetë i butë. Shërbejeni të nxehtë ose në temperaturë ambienti.

Domate të pjekura me uthull balsamike

pomodori balsamik

Bën 6 racione

Uthulla balsamike ka një mënyrë pothuajse magjike për të nxjerrë në pah shijen e perimeve. Provoni këtë pjatë të thjeshtë dhe shërbejeni si meze ose me mish.

8 domate kumbulla

2 lugë gjelle vaj ulliri

1 lugë gjelle uthull balsamike

Kripë dhe piper i zi i sapo bluar

një. Vendosni një raft në mes të furrës. Ngrohni furrën në 375°F. Lyeni me yndyrë një fletë pjekjeje mjaft të madhe për të mbajtur domatet në një shtresë të vetme.

dy. Lani dhe thajini domatet. Pritini domatet në gjysmë për së gjati. Hiqni farat e domates. Në tigan vendosim domatet e prera gjysmë. Lyejeni me vaj dhe uthull dhe spërkatni me kripë dhe piper.

3. Gatuani domatet për 45 minuta ose derisa të zbuten. Shërbejeni në temperaturë ambienti.

karpaçio kungull i njomë

Carpaccio në Giallo e Verde

Bën 4 racione

Së pari shijova një version më të thjeshtë të kësaj sallate freskuese në shtëpinë e disa miqve të mi që kultivojnë verë në Toskanë. Me kalimin e viteve e kam zbukuruar me një kombinim të kungujve të njomë të verdhë dhe jeshile dhe duke shtuar nenexhik të freskët.

2 ose 3 kunguj të njomë të vegjël, mundësisht një përzierje e verdhë dhe jeshile

3 lugë gjelle lëng limoni të freskët

një/3 filxhanë vaj ulliri ekstra të virgjër

Kripë dhe piper i zi i sapo bluar

2 lugë mente të freskët të grirë imët

Rreth 2 ons Parmigiano-Reggiano në 1 copë

një. Fërkoni kungull i njomë me një furçë nën ujë të ftohtë të rrjedhshëm. Pritini skajet.

dy. Në një përpunues ushqimi ose prerëse mandoline, presim kungull i njomë në feta shumë të holla. Vendosini fetat në një tas mesatar.

3. Në një tas të vogël përzieni lëngun e limonit, vajin e ullirit dhe kripën e piperin sipas shijes. Shtoni nenexhikun. I spërkasim me kungull i njomë dhe i përziejmë mirë. Përhapeni fetat në një tigan të cekët.

Katër. Duke përdorur një qërues perimesh, rruani djathin parmixhano në feta të holla. Përhapeni fetat mbi kunguj të njomë. Shërbejeni tani.

Kungull i njomë me hudhër dhe nenexhik

Scapece për kungull i njomë

Bën 8 racione

Kungull i njomë ose kunguj të tjerë, patëllxhanë dhe karrota mund të përgatiten si një kok turku "në mënyrën apikiane", një shkrimtar i hershëm romak për ushqimin. Perimet skuqen, aromatizohen dhe më pas ftohen. Sigurohuni që ta përgatisni këtë të paktën 24 orë përpara se ta shërbeni për shijen më të mirë.

2 kg kunguj të vegjël

vaj vegjetal për tiganisje

3 lugë gjelle uthull vere të kuqe

2 thelpinj hudhre te medha, te grira holle

një/4 filxhanë mente ose borzilok të freskët, të copëtuar

Kripë dhe piper i zi i sapo bluar

një. Fërkoni kungull i njomë me një furçë nën ujë të ftohtë të rrjedhshëm. Pritini skajet. Pritini kungull i njomë në feta 1/4 inç.

dy. Hidhni 1 inç vaj në një tigan të thellë, të rëndë ose një tigan të madh. Ngrohni vajin në nxehtësi mesatare derisa një pjesë e vogël e perimeve të bjerë në vaj.

3. Thajini fetat e kungujve me një peshqir letre. Rrëshqitni me kujdes rreth një të katërtën e kungujve të njomë në vajin e nxehtë. Piqni derisa skajet të marrin një ngjyrë kafe të lehtë, rreth 3 minuta. Me një lugë me vrima, kungull i njomë kaloni në peshqir letre për t'u kulluar. Skuqni pjesën tjetër në të njëjtën mënyrë.

Katër. Vendosni kungulleshkat në një pjatë, spërkatni secilën shtresë me pak uthull, hudhër, nenexhik dhe kripë e piper sipas shijes. Mbulojeni dhe vendoseni në frigorifer për të paktën 24 orë përpara se ta shërbeni.

kungull i njomë i skuqur

Kungull në Padella

Bën 6 racione

Kjo është një mënyrë e shpejtë për të përgatitur një pjatë të shijshme anësore me kunguj të njomë, qepë dhe majdanoz.

1 kilogram kungull i njomë i vogël

2 lugë gjelle gjalpë pa kripë

1 qepë e vogël, e grirë shumë hollë

Kripë dhe piper i zi i sapo bluar

3 lugë majdanoz me gjethe të copëtuara

një. Fërkoni kungull i njomë me një furçë nën ujë të ftohtë të rrjedhshëm. Pritini skajet. Pritini në feta 1/8 inç.

dy. Në një tigan mesatar mbi nxehtësinë mesatare-të ulët shkrini gjalpin. Shtoni qepën dhe gatuajeni për rreth 5 minuta derisa të zbutet.

3. Shtoni kungull i njomë dhe lyejini me gjalpë. Mbulojeni dhe gatuajeni për 5 minuta ose derisa kungull i njomë të jetë i butë kur shpohet me një pirun.

Katër. Shtoni kripë e piper dhe majdanoz sipas shijes dhe përziejini mirë. Shërbejeni tani.

Kungulleshka me proshuto

Kungulleshka me proshuto

Bën 4 racione

Këto kunguj të njomë janë të mira si një pjatë anësore me pulën, por edhe si salcë për pene të gatuara të nxehtë ose makarona të tjera.

1 1/2 kile kungull i njomë i vogël

1 qepë mesatare të grirë

2 lugë gjelle vaj ulliri

1 thelpi hudhër të grirë

një 1/2 lugë çaji borzilok ose trumzë e tharë

Kripë dhe piper i zi i sapo bluar

3 feta të holla proshuto italiane të importuara, të prera diagonalisht në shirita të ngushtë

një. Fërkoni kungull i njomë me një furçë nën ujë të ftohtë të rrjedhshëm. Pritini skajet. Pritini kungull i njomë në feta 1/8 inç.

dy. Skuqini qepën në vaj në një tigan të madh mbi nxehtësinë mesatare. Gatuani duke e trazuar për rreth 10 minuta derisa qepa të zbutet dhe të marrë ngjyrë kafe të artë. Shtoni hudhrën dhe borzilokun dhe ziejini edhe për 1 minutë.

3. Shtoni fetat e kungujve dhe kripë e piper sipas shijes. Gatuani për 5 minuta.

Katër. Shtoni proshutën dhe gatuajeni derisa kungull i njomë të zbutet, rreth 2 minuta më shumë. Shërbejeni të nxehtë.

Kungull i njomë me thërrime parmixhani

Kungull i njomë alla Parmigiana

Bën 4 racione

Thurrat e bukës me gjalpë dhe djathë ëmbëlsojnë këtë gratin me kungull i njomë.

1 kilogram kungull i njomë i vogël

2 lugë gjalpë pa kripë, të shkrirë dhe të ftohur

2 lugë grimca buke, mundësisht shtëpi

një/4 filxhanë Parmigiano-Reggiano të grira

Kripë dhe piper i zi i sapo bluar

një. Fërkoni kungull i njomë me një furçë nën ujë të ftohtë të rrjedhshëm. Pritini skajet.

dy. Vendosni një raft në mes të furrës. Ngrohni furrën në 425°F. Lyeni me yndyrë një tavë pjekjeje 13×9×2 inç.

3. Shtroni fetat e kungujve në tepsi, duke u mbivendosur pak. Në një enë mesatare shijoni gjalpin, thërrimet, djathin, kripën dhe piperin. Spërkateni përzierjen e thërrimeve mbi kunguj të njomë.

Katër. Piqni për 30 minuta ose derisa thërrimet të marrin ngjyrë të artë dhe kungull i njomë të jetë i butë. Shërbejeni të nxehtë.

kungull i njomë gratin

kungull i njomë gratin

Bën 4 deri në 6 racione

Kur mendoj për këtë gratin, imagjinoj ta shërbej si pjesë e një shuplake pikniku veror me mish ose peshk të pjekur në skarë dhe një përzgjedhje sallatash. Është ose nxehtë ose ftohtë.

2 qepë të verdha mesatare, të grira

2 thelpinj hudhre te grira holle

4 lugë vaj ulliri

Kripë dhe piper i zi i sapo bluar

1 lugë gjelle trumzë e freskët, borzilok ose trumzë e copëtuar

4 kunguj të vegjël të prerë në feta 1/8 inç

3 domate mesatare të rrumbullakëta, të prera hollë

një/2 filxhanë Parmigiano-Reggiano të grira

një. Në një tigan të mesëm, ziejini qepët dhe hudhrat në 2 lugë vaj ulliri mbi nxehtësinë mesatare deri në ngjyrë të artë, rreth 10 minuta. I rregullojmë me kripë dhe piper sipas shijes.

dy. Vendosni një raft në mes të furrës. Ngrohni furrën në 375°F. Lyeni me yndyrë një tavë pjekjeje 13×9×2 inç.

3. Përhapeni masën e qepëve në mënyrë të barabartë në tepsi. Përhapeni një të tretën e trumzës mbi qepët. Sipër qepëve renditni kungullin e njomë dhe domatet e prera në feta. Spërkateni me trumzën e mbetur me kripë dhe piper për shije. Spërkateni me vajin e mbetur të ullirit.

Katër. Gatuani për 40 deri në 45 minuta ose derisa perimet të jenë të buta dhe lëngjet të vlojnë. Spërkateni me djathë dhe piqni derisa të shkrihet lehtë, rreth 5 minuta më shumë. Lëreni të qëndrojë për 10 minuta para se ta shërbeni.

unaza gjalpi

bussolai

36 persona

Këto biskota veneciane janë të lehta për t'u bërë dhe një ëmbëlsirë për një rostiçeri mesdite ose për të ecur nëpër shtëpi ndërsa kalojnë mysafirët.

1 gote sheqer

një 1/2 filxhan (1 shkop) gjalpë pa kripë, në temperaturën e dhomës

3 te verdha veze te medha

1 lugë çaji lëvore limoni

1 lugë çaji lëvore portokalli

1 lugë çaji ekstrakt i pastër vanilje

2 gota miell për të gjitha përdorimet

një 1/2 lugë çaji kripë

1 e bardhë veze, e tundur derisa të bëhet shkumë

një.Lërini mënjanë 1/3 filxhani sheqer.

dy.Në tasin e madh të një mikser elektrik, rrihni gjalpin me 2/3 e filxhanit të mbetur sheqer me shpejtësi mesatare derisa të bëhet i lehtë dhe me gëzof, rreth 2 minuta. Rrahim të verdhat e vezëve një nga një. Shtoni lëvozhgën e limonit dhe portokallit dhe ekstraktin e vaniljes dhe përzieni derisa të jenë të lëmuara, duke gërvishtur anët e tasit, rreth 2 minuta të tjera.

3.I trazojmë miellin dhe kripën derisa të përzihen mirë. Formoni brumin në një top. Mbështilleni me mbështjellës plastik dhe vendoseni në frigorifer për 1 orë deri në një natë.

Katër. Ngrohni furrën në 325°F. Lyejmë 2 tepsi të mëdhenj për pjekje. Pritini brumin në 6 pjesë. Ndani përsëri çdo pjesë në 6 pjesë. Rrokullisni secilën pjesë në fije 4 inç, formoni një lak dhe mbyllni skajet së bashku. Hapësira unaza një inç larg njëra-tjetrës në fletët e përgatitura të pjekjes. Lyejeni lehtë me të bardhën e vezës dhe spërkatni me 1/3 filxhani sheqer të rezervuar.

5. Piqni për 15 minuta ose deri në kafe të artë të lehtë. Bëni gati raftin ftohës me 2 tela.

6. Transferoni fletët e pjekjes në raftet. Lërini biskotat të ftohen në tepsi për 5 minuta, më pas transferojini në raftet e telit që të ftohen plotësisht. Ruani në një enë hermetike deri në 2 javë.

nyje limoni

Tarralucci

40 vjet më parë

Çdo furrë buke italiane në Brooklyn, Nju Jork bënte këto biskota freskuese me limon sicilian kur unë isha fëmijë. Më pëlqen t'u shërbej atyre çaj të ftohtë.

Nëse moti është i nxehtë dhe i lagësht, ngrica mund të refuzojë të vendoset në temperaturën e dhomës. Në këtë rast, biskotat ruhen në frigorifer.

4 gota miell për të gjitha përdorimet

4 lugë çaji pluhur pjekjeje

1 gote sheqer

një 1/2 filxhan shkurtues perimesh

3 vezë të mëdha

një 1/2 filxhan qumësht

2 lugë gjelle lëng limoni

2 lugë çaji lëvore limoni

formimi i akullit

1 1/2 filxhan sheqer pluhur

1 lugë gjelle lëng limoni të saposhtrydhur

2 lugë çaji lëvore limoni

Qumështi

një. Shosh miellin dhe pluhurin për pjekje në letër dylli.

dy.Në një tas të madh, rrihni sheqerin dhe gjalpin me një mikser elektrik në shpejtësi mesatare derisa të bëhen të lehta dhe me gëzof, rreth 2 minuta. Rrihni vezët një nga një derisa të përzihen mirë. Shtoni qumështin, lëngun e limonit dhe lëkurën. Grini anët e tasit. Përziejini përbërësit e thatë derisa të jenë të qetë, rreth 2 minuta. Mbulojeni me mbështjellës plastik dhe vendoseni në frigorifer për të paktën 1 orë.

3.Ngrohni furrën në 350°F. Përgatisni 2 tepsi të mëdhenj. Shtrydhni një copë brumi sa një top golfi. Rrokullisni butësisht brumin në një fije 6 inç. Lidheni litarin me një nyjë. Vendoseni nyjën në një fletë pjekjeje të pa yndyrë. Vazhdoni të bëni nyje dhe t'i ndani ato rreth 1 inç larg njëri-tjetrit mbi gjethet.

Katër. Piqini biskotat për 12 minuta, ose derisa të jenë të forta, por jo kafe kur shtypen. Bëni gati raftin ftohës me 2 tela.

5.Transferoni fletët e pjekjes në raftet. Lërini biskotat të ftohen në tepsi për 5 minuta, më pas transferojini në raftet e telit që të ftohen plotësisht.

6.Në një tas të madh, bashkoni sheqerin pluhur, lëngun e limonit dhe lëkurën. Shtoni qumështin 1 lugë çaji dhe përzieni derisa masa të formojë një shtresë të hollë akulli kremoz.

7.Zhytni majat e biskotave në krem. Vendoseni në një raft teli derisa ngrica të forcohet. Ruani në enë hermetike deri në 3 ditë.

biskota pikante

Biciolani

bën 75

Barbajada, një përzierje gjysmë kafeje dhe gjysmë çokollatë të nxehtë, mund të porosisni në kafenetë e Torinos. Do të ishte perfekte me këto biskota me erëza të holla me gjalpë.

1 filxhan (2 shkopinj) gjalpë pa kripë, në temperaturë ambienti

1 gote sheqer

1 e verdhe veze

2 gota miell për të gjitha përdorimet

një1/2 lugë çaji kripë

1 lugë çaji kanellë të bluar

një/8 lugë çaji kokos të sapo grirë

një/8 lugë çaji karafil të bluar

një. Ngrohni furrën në 350°F. Lyeni me yndyrë një tepsi me pelte 15×10×1 inç.

dy. Përzieni miellin, kripën dhe erëzat në një tas.

3. Në një tas të madh me mikser elektrik, rrihni gjalpin, sheqerin dhe të verdhat e vezëve me shpejtësi mesatare derisa të bëhen të lehta dhe me gëzof, rreth 2 minuta. Ulni shpejtësinë në të ulët dhe shtoni përbërësit e thatë për rreth 2 minuta të tjera derisa të përzihen mirë.

Katër. Thërrmoni brumin në tavën e përgatitur. Me duar shtypni fort brumin për të formuar një shtresë të barabartë. Bëni brazda të cekëta në pjesën e sipërme të brumit me anën e pasme të një piruni.

5. Piqni për 25 deri në 30 minuta ose deri në kafe të artë të lehtë. Transferoni tiganin në një raft teli që të ftohet. Lëreni të ftohet për 10 minuta. Më pas e presim brumin në biskota 2×1 inç.

6. Lëreni të ftohet plotësisht në tigan. Ruani në një enë hermetike në temperaturën e dhomës deri në 2 javë.

biskota vafere

pica

bën rreth 2 duzina

Shumë familje në Italinë qendrore dhe jugore krenohen me fletët e tyre të pizelit, të cilat janë forma të punuara bukur, të përdorura tradicionalisht për të bërë këto vafla të bukura. Disa pjata shfaqin inicialet origjinale të pronarit të qëndisura, ndërsa të tjerat paraqesin silueta të tilla si një çift duke bërë dolli me një gotë verë. Dikur ata ishin një dhuratë tipike martese.

Edhe pse simpatik, këto hekura të modës së vjetër janë të rëndë dhe të rëndë në sobat e sotme. Një shtypje elektrike për pica, e ngjashme me një prodhues vaflesh, bën një punë të shpejtë dhe efikase për të nxjerrë këto biskota.

Kur bëhen të freskëta, picat janë fleksibël dhe mund të formohen në një kon, tub ose filxhan. Ato mund të mbushen me krem pana, akullore, krem cannoli ose fruta. Ftohen dhe bëhen krokante në një kohë të shkurtër, kështu që punoni shpejt dhe me kujdes për t'i dhënë formë. Sigurisht, edhe ata planifikojnë mirë.

13/4 filxhan miell të pazbardhur për të gjitha përdorimet

1 lugë çaji pluhur pjekjeje

majë kripë

3 vezë të mëdha

dy/3 gota sheqer

1 lugë gjelle ekstrakt të pastër vanilje

1 shkop (1/2 filxhan) gjalpë pa kripë, i shkrirë dhe i ftohur

një. Ngrohni paraprakisht prodhuesin e picave sipas udhëzimeve të prodhuesit. Përzieni miellin, pluhurin për pjekje dhe kripën në një enë.

dy. Në një tas të madh, rrihni vezët, sheqerin dhe vaniljen me një mikser elektrik në shpejtësi mesatare derisa të trashet dhe të lehtësohen, rreth 4 minuta. Përzieni gjalpin. Përziejini përbërësit e thatë derisa të përzihen, rreth 1 minutë.

3. Hidhni rreth 1 lugë gjelle brumë në qendër të çdo tave pica. (Sasia e saktë do të varet nga modeli i mykut.) Mbulojeni dhe gatuajeni derisa të marrë pak ngjyrë të artë. Kjo do të varet nga prodhuesi dhe nga sa kohë kallëpi është ngrohur. Kontrolloni me kujdes pas 30 sekondash.

Katër. Kur pica të ketë marrë ngjyrë të artë, hiqeni nga tiganët me një shpatull druri ose plastike. Lëreni të ftohet në raft teli. Ose palosni çdo picë në rrudhën e një filxhani të madh kafeje ose ëmbëlsire për të bërë filxhanë biskotash. Për të bërë predha cannoli, formojini ato rreth tubave të cannoli ose një kunj druri.

5. Pasi pica të jetë ftohur dhe krokante, ruajeni në një enë hermetike derisa të jetë gati për t'u përdorur. Këto zgjasin disa javë.

Variacion: Anise: Zëvendësoni 1 lugë gjelle ekstrakt anise dhe 1 lugë gjelle fara anise në vend të vaniljes. Portokalli ose Limon: Shtoni 1 lugë gjelle portokalli të freskët ose lëkurë limoni të grirë në përzierjen e vezëve. Rum ose bajame – në vend të vaniljes, shtoni 1 lugë gjelle ekstrakt rum ose bajame. Arra: Shtoni 1/4 filxhan arra në një pluhur shumë të imët me miell.

ravioli të ëmbël

Dolci Ravioli

Bën 2 duzina

Reçeli mbush këtë ravioli të ëmbël krokante. Çdo shije qëndron në vend për sa kohë që ka një konsistencë të trashë dhe nuk del nga brumi ndërsa piqet. Kjo ishte një nga recetat e preferuara të babait tim, të cilën ai e përsosi duke u bazuar në kujtimet e tij për biskotat që bënte nëna e tij.

13/4 gota miell për të gjitha përdorimet

një 1/2 filxhan patate ose niseshte misri

një 1/2 lugë çaji kripë

një 1/2 filxhan (1 shkop) gjalpë pa kripë, në temperaturën e dhomës

një 1/2 filxhan sheqer

1 vezë e madhe

2 lugë rum ose raki

1 lugë çaji lëvore limoni

1 lugë çaji ekstrakt i pastër vanilje

1 filxhan reçel i trashë me qershi, mjedër ose kajsi

një.Në një tas të madh, sitini së bashku miellin, niseshtenë dhe kripën.

dy.Në një tas të madh me një mikser elektrik, rrihni gjalpin me sheqerin derisa të bëhet i lehtë dhe me gëzof, rreth 2 minuta. Rrihni vezët, rumin, lëkurën dhe vaniljen. Shtoni përbërës të thatë me shpejtësi të ulët.

3.Ndani brumin në gjysmë. Krijo një disk me secilën gjysmë. Mbështilleni secilën veçmas në plastikë dhe vendoseni në frigorifer për 1 orë deri në një natë.

Katër. Ngrohni furrën në 350°F. Lyejmë 2 tepsi të mëdhenj për pjekje.

5.Hapeni brumin në trashësi 1/8 inç. Pritini brumin në katrorë 2 inç duke përdorur një prestar pastiçerie ose brumë me vrima. Vendosini katrorët rreth 1 inç larg njëra-tjetrës në fletët e përgatitura të pjekjes. Hidhni 1/2 lugë çaji reçel në qendër të çdo katrori. (Mos përdorni më reçel përndryshe mbushja do të derdhet gjatë gatimit.)

6. Hapeni brumin e mbetur në trashësi 1/8 inç. Pritini brumin në katrorë 2 inç.

7. E mbulojmë reçelin me katrorë brumi. Shtypni skajet me një pirun për të mbyllur mbushjen.

8. Piqni për 16 deri në 18 minuta ose deri në kafe të lehtë të artë. Bëni gati raftin ftohës me 2 tela.

9. Transferoni fletët e pjekjes në raftet. Lërini biskotat të ftohen në tepsi për 5 minuta, më pas transferojini në raftet e telit që të ftohen plotësisht. Spërkateni me sheqer pluhur. Ruani në një enë hermetike deri në 1 javë.

Biskota "të shëmtuara por të mira".

Brutti ma Buoni

Bën 2 duzina

"E shëmtuar por e mirë" është kuptimi i emrit të këtyre biskotave piemonteze. Emri është vetëm gjysma e vërtetë: biskotat nuk janë të shëmtuara, por janë të mira. Teknika e bërjes së tyre është e pazakontë. Brumi i biskotave piqet në një tavë para pjekjes.

3 të bardha veze të mëdha, në temperaturë ambienti

majë kripë

1 1/2 filxhan sheqer

1 filxhan kakao pluhur pa sheqer

1 1/4 filxhan lajthi, të pjekura, të qëruara dhe të prera trashë (shih Fig.si të skuqni dhe qëroni arrat)

një. Ngrohni furrën në 300°F. Lyejmë 2 tepsi të mëdhenj për pjekje.

dy. Në një tas të madh, rrihni të bardhat e vezëve dhe kripën me një mikser elektrik me shpejtësi mesatare derisa të bëhen shkumë. Rriteni shpejtësinë në të lartë dhe shtoni gradualisht sheqerin. Rrihni derisa të formohen maja të buta kur të ngrihen rrahjet.

3.Shtoni kakaon me shpejtësi të ulët. Shtoni arrat.

Katër. Hidheni përzierjen në një tenxhere të madhe të rëndë. Gatuani në zjarr mesatar, duke e përzier vazhdimisht me një lugë druri, derisa masa të bëhet e shkëlqyeshme dhe e lëmuar, rreth 5 minuta. Kini kujdes që të mos digjen.

5.Menjëherë hidhni lugë gjelle brumë të nxehtë në fletët e përgatitura për pjekje. Piqeni për 30 minuta ose derisa të jetë e fortë dhe e plasaritur pak.

6.Ndërsa biskotat janë ende të nxehta, duke përdorur një shpatull metalik me majë të imët, transferojini në një raft teli për t'u ftohur. Ruani në një enë hermetike deri në 2 javë.

vende bllokimi

Biskota di marmelatë

40 vjet më parë

Çokollata, lajthia dhe reçeli janë një kombinim fitues në këto biskota të shijshme. Ata janë gjithmonë një hit në tabaka për biskota të Krishtlindjeve.

3/4 filxhanë (1 1/2 shkopinj) gjalpë pa kripë, në temperaturë ambienti

një 1/2 filxhan sheqer

një 1/2 lugë çaji kripë

3 ons çokollatë e zezë, e shkrirë dhe e ftohur

2 gota miell për të gjitha përdorimet

3 1/4 filxhan bajame të grira hollë

një 1/2 filxhan reçel mjedër pa fara të trashë

një. Ngrohni furrën në 350°F. Lyejmë 2 tepsi të mëdhenj për pjekje.

dy. Në një tas të madh, rrihni gjalpin, sheqerin dhe kripën me një mikser elektrik me shpejtësi mesatare deri sa të zbehet dhe të bëhet me gëzof, rreth 2 minuta. Shtoni çokollatën e shkrirë dhe rrihni derisa të përzihet mirë, duke gërvishtur anët e tasit. Përzieni miellin derisa të jetë e qetë.

3. Vendosni arrat në një tas të cekët. Formoni brumin në topa 1 inç. I rrotullojmë topat në arra, i shtypim lehtë që të ngjiten. Vendosni topa rreth 1 1/2 inç larg njëra-tjetrës në fletët e përgatitura për pjekje.

Katër. Me fundin e dorezës së një luge druri, bëni një vrimë të thellë në çdo top brumi, duke e formuar brumin rreth dorezës për të ruajtur formën e rrumbullakosur. Vendosni rreth 1/4 lugë çaji reçel mbi çdo biskotë. (Mos shtoni më shumë reçel, pasi biskotat mund të shkrihen dhe të pikojnë ndërsa piqen.)

5. Piqni biskotat për 18 deri në 20 minuta ose derisa reçeli të ketë flluska dhe biskotat të jenë skuqur lehtë. Bëni gati raftin ftohës me 2 tela.

6. Transferoni fletët e pjekjes në raftet. Lërini biskotat të ftohen në tepsi për 5 minuta, më pas transferojini në raftet e telit që të ftohen plotësisht. Ruani në një enë hermetike deri në 2 javë.

Biskota me arra dhe çokollatë të dyfishtë

Biskoti al Cioccolato

Bën 4 duzina

Brumi për këto biskota të pasura përmban çokollatë të shkrirë dhe të trashë. Nuk i kam parë kurrë në Itali, por janë të ngjashme me ato që kam provuar nëpër kafene këtu.

2 1/2 gota miell për të gjitha përdorimet

2 lugë çaji pluhur pjekjeje

një 1/2 lugë çaji kripë

3 vezë të mëdha, në temperaturë ambienti

1 gote sheqer

1 lugë çaji ekstrakt i pastër vanilje

6 ons çokollatë e zezë, e shkrirë dhe e ftohur

6 lugë (1/2 shkopinj plus 2 lugë) gjalpë pa kripë, i shkrirë dhe i ftohur

1 filxhan arra, të grira trashë

1 filxhan patate të skuqura çokollatë

një. Vendosni një raft në mes të furrës. Ngrohni furrën në 300°F. Lyejini me yndyrë dhe miell 2 tepsi të mëdhenj.

dy.Në një tas të madh, sitini së bashku miellin, pluhurin për pjekje dhe kripën.

3.Në një tas të madh, rrihni vezët, sheqerin dhe vaniljen me një mikser elektrik në shpejtësi mesatare derisa të bëhen shkumë dhe të lehta, rreth 2 minuta. I trazojmë derisa të bashkohen çokollata dhe gjalpi. Shtoni masën e miellit dhe përziejini për rreth 1 minutë të tjera derisa të jetë homogjene. Shtoni arrat dhe copëzat e çokollatës.

Katër. Ndani brumin në gjysmë. Me duar të lagura, formoni secilën pjesë në një trung 12×3 inç në fletën e përgatitur të pjekjes. Piqni për 35 minuta ose derisa trungjet të jenë të forta kur shtypen në qendër. Hiqeni tiganin nga furra, por mos e fikni zjarrin. Lëreni të ftohet për 10 minuta.

5.Rrëshqitni trungjet në një dërrasë prerëse. Pritini trungjet në feta 1/2 inç të trasha. Renditni fetat në tepsi. Piqni për 10 minuta ose derisa biskotat të kenë marrë një ngjyrë kafe të lehtë.

6. Bëni gati 2 rafte të mëdhenj ftohës. Transferoni fletët e pjekjes në raftet. Lërini biskotat të ftohen në tepsi për 5 minuta, më pas transferojini në raftet e telit që të ftohen plotësisht. Ruani në një enë hermetike deri në 2 javë.

puthje me çokollatë

Baci di Cioccolato

Bën 3 duzina

"Puthjet" me çokollatë dhe vanilje janë të preferuara në Verona, shtëpia e Romeos dhe Zhuljetës, ku bëhen në kombinime të ndryshme.

1 2/3 gota miell për të gjitha përdorimet

një/3 filxhanë kakao pluhur holandez pa sheqer, të situr

një 1/4 lugë çaji kripë

1 filxhan (2 shkopinj) gjalpë pa kripë, në temperaturë ambienti

një 1/2 filxhan sheqer pluhur

1 lugë çaji ekstrakt i pastër vanilje

një/2 filxhanë bajame të pjekura të grira hollë (shih Fig.si të skuqni dhe qëroni arrat)

mbushje

2 ons çokollatë gjysmë të ëmbël ose të hidhur, të copëtuar

2 lugë gjelle gjalpë pa kripë

një/3 filxhanë bajame, të pjekura dhe të grira hollë

një. Në një tas të madh, sitini së bashku miellin, kakaon dhe kripën.

dy. Në një tas të madh, rrihni gjalpin dhe sheqerin me një mikser elektrik në shpejtësi mesatare derisa të bëhen të lehta dhe me gëzof, rreth 2 minuta. Shtoni vaniljen. Përziejini përbërësit e thatë dhe bajamet për rreth 1 minutë të tjera derisa të përzihen. Mbulojeni me plastikë dhe vendoseni në frigorifer për 1 orë deri në natën.

3. Ngrohni furrën në 350°F. Përgatisni 2 tepsi të palyer me yndyrë. Rrotulloni lugë çaji brumi në topa 3/4 inç. Hapësira mblidhet një inç larg njëra-tjetrës në fletët e pjekjes. Shtypni topat duke përdorur gishtat për t'i rrafshuar pak topat. Piqni biskotat derisa të forcohen, por jo të marrin ngjyrë kafe, 10 deri në 12 minuta. Bëni gati 2 rafte të mëdhenj ftohës.

Katër. Transferoni fletët e pjekjes në raftet. Lërini biskotat të ftohen në tepsi për 5 minuta, më pas transferojini në raftet e telit që të ftohen plotësisht.

5. Sillni rreth 2 inç ujë të ziejë në gjysmën e poshtme të një kazani të dyfishtë ose tenxhere të vogël. Vendosni çokollatën dhe gjalpin në gjysmën e sipërme të bain-marie ose në një tas të vogël rezistent ndaj nxehtësisë që përshtatet mirë mbi tenxhere. Vendoseni enën mbi ujë të vluar. Le të ulemi me gojë hapur derisa çokollata të zbutet. Përziejini derisa të jetë e qetë. Shtoni bajamet.

6. Përhapni një sasi të vogël të përzierjes mbushëse në fund të një biskote. Vendosni një biskotë të dytë, me anën e poshtme poshtë, sipër mbushjes dhe shtypeni lehtë. Vendosini biskotat në raft teli derisa të vendoset mbushja. Përsëriteni me pjesën tjetër të biskotave dhe mbushjen. Ruajeni në një enë hermetike në frigorifer deri në 1 javë.

Çokollatë e pjekur me sallam

Cioccolato Salami

Bën 32 biskota

Fetat e lajthisë me çokollatë krokante pa pjekje janë një specialitet i Piemontes. Biskota të tjera mund të përdoren në vend të amarettit nëse preferoni, të tilla si vafera me vanilje ose çokollatë, biskota graham ose biskota me gjalpë. Është më mirë ta përgatisni disa ditë më parë që të përzihen shijet. Nëse preferoni të mos përdorni likerin, përdorni një lugë gjelle lëng portokalli.

18 biskota amaretti

një/3 gota sheqer

një 1/2 filxhan pluhur kakao pa sheqer

një 1/2 filxhan (1 shkop) gjalpë pa kripë, i zbutur

1 lugë gjelle grappa ose rum

një/3 filxhanë arra të shtypura

një. Vendosni biskotat në një qese plastike. Thërrmoni biskotat me një okllai ose një objekt të rëndë. Duhet të keni rreth 3/4 gota thërrime.

dy. Vendosni thërrimet në një tas të madh. Shtojmë sheqerin dhe kakaon me një lugë druri. Shtoni gjalpin dhe grappën. Përziejini derisa përbërësit e thatë të jenë të lagur dhe të përzier. Shtoni arrat.

3.Vendosni një shtresë mbështjellëse plastike 14 inç në një sipërfaqe të sheshtë. Masën e brumit e derdhim mbi mbështjellësin e plastikës. Formoni brumin në një trung 8×21/2 inç. Mbështilleni trungun me mbështjellës plastik, duke i palosur skajet për t'i mbuluar plotësisht. Lëreni regjistrin në frigorifer për të paktën 24 orë dhe deri në 3 ditë.

Katër. Pritini trungun në feta 1/4 inç të trasha. Shërbejeni të ftohtë. Ruani biskotat në një enë plastike hermetike në frigorifer deri në 2 javë.

Biskota Prato

Biskota di Prato

Bën rreth 4 1/2 duzinë

Në qytetin toskan të Pratos, këto janë biskota klasike për t'u zhytur në vin santo, verën e mrekullueshme të ëmbëlsirës së rajonit. Ata thahen goxha nëse hahen vetë, ndaj jepni një pije për t'i larë.

2 1/2 gota miell për të gjitha përdorimet

1 1/2 lugë çaji pluhur pjekjeje

1 lugë çaji kripë

4 vezë të mëdha

3 1/4 filxhan sheqer

1 lugë çaji lëvore limoni

1 lugë çaji lëvore portokalli

1 lugë çaji ekstrakt i pastër vanilje

1 filxhan bajame të pjekura (shihsi të skuqni dhe qëroni arrat)

një. Vendosni një raft në mes të furrës. Ngrohni furrën në 325°F. Lyeni me yndyrë dhe lyeni me miell një tepsi të madhe pjekjeje.

dy.Në një tas mesatar, sitini së bashku miellin, pluhurin për pjekje dhe kripën.

3.Në një tas të madh me një mikser elektrik, rrihni vezët dhe sheqerin me shpejtësi mesatare derisa të bëhen të lehta dhe të shkumëzuara, rreth 3 minuta. Hidhni lëkuren e limonit dhe portokallit dhe vaniljen. Shtoni përbërësit e thatë me shpejtësi të ulët, më pas shtoni bajamet.

Katër. Lagni pak duart. Formoni brumin në dy trungje 14×2 inç. Vendosni trungjet disa centimetra larg njëri-tjetrit në fletën e përgatitur të pjekjes. Piqeni për 30 minuta ose derisa të jetë e fortë dhe e artë.

5.Hiqeni fletën e pjekjes nga furra dhe ulni temperaturën e furrës në 300°F. Lërini trungjet të ftohen në tepsi për 20 minuta.

6. Rrëshqitni trungjet në një dërrasë prerëse. Duke përdorur një thikë të madhe dhe të rëndë kuzhinieri, pritini trungjet në mënyrë tërthore në feta 1/2 inç të trasha. Renditni fetat në tepsi. Piqni për 20 minuta ose deri në kafe të artë të lehtë.

7. Transferoni biskotat në raftet e telit për tu ftohur. Ruani në një enë hermetike.

Biskota me fruta dhe arra umbriane

pluhurosur

80 vjet më parë

Këto biskota, të bëra pa vaj, ruhen për një kohë të gjatë në një enë hermetike. Shija me të vërtetë shtohet, kështu që planifikoni t'i bëni këto disa ditë përpara para se t'i shërbeni.

3 gota miell për të gjitha përdorimet

një 1/2 filxhan niseshte misri

2 lugë çaji pluhur pjekjeje

3 vezë të mëdha

3 te verdha veze

2 lugë gjelle Marsala, vin santo ose sheri

1 gote sheqer

1 filxhan rrush të thatë

1 filxhan bajame

një/4 filxhanë lëvozhgë portokalli të ëmbëlsuar të copëtuar

një/4 filxhanë musht molle të copëtuar

1 lugë çaji fara anise

një. Ngrohni furrën në 350°F. Lyejmë 2 tepsi të mëdhenj për pjekje.

dy.Në një tas mesatar, sitini miellin, niseshtën e misrit dhe pluhurin për pjekje.

3.Në një tas të madh me mikser elektrik rrihni vezët, të verdhat dhe Marsala. Shtoni sheqerin dhe rrihni për rreth 3 minuta derisa të përzihet mirë. Përzieni përbërësit e thatë, rrushin e thatë, bajamet, lëvoren, farat e citronit dhe anise derisa të përzihen. Brumi do të jetë i fortë. Nëse është e nevojshme, transferojeni brumin në banak dhe gatuajeni derisa të përzihet.

Katër. Ndani brumin në katër. Lagni duart me ujë të ftohtë dhe rrotullojeni çdo çerek në një trung 10 inç. Hapësira është regjistruar 2 inç larg njëra-tjetrës në fletët e përgatitura të pjekjes.

5. Piqini trungjet për 20 minuta ose derisa të forcohen kur të shtypen në qendër dhe të marrin ngjyrë të artë rreth skajeve. Hiqni trungjet nga furra, por lërini të hapura. Lërini trungjet të ftohen në fletë pjekjeje për 5 minuta.

6. Rrëshqitni trungjet në një dërrasë prerëse. Pritini në feta 1/2 inç të trasha duke përdorur një thikë të madhe kuzhinieri. Vendosini fetat në tepsi dhe piqini për 10 minuta ose derisa të marrin një ngjyrë kafe të lehtë.

7. Bëni gati 2 rafte të mëdhenj ftohës. Transferoni biskotat në raftet. Lëreni të ftohet plotësisht. Ruani në një enë hermetike deri në 2 javë.

biskota me arra dhe limon

Biskoti al Limone

48 më parë

Limoni dhe bajamet i ëmbëlsojnë këto biskota.

1 1/2 filxhan miell për të gjitha përdorimet

1 lugë çaji pluhur pjekjeje

një 1/4 lugë çaji kripë

një 1/2 filxhan (1 shkop) gjalpë pa kripë, në temperaturën e dhomës

një 1/2 filxhan sheqer

2 vezë të mëdha, në temperaturë ambienti

2 lugë çaji lëvore limoni të sapo grirë

1 filxhan bajame të pjekura, të grira trashë

një. Vendosni një raft në mes të furrës. Ngrohni furrën në 350°F. Lyejmë dhe lyejmë me miell një tepsi të madhe pjekjeje.

dy. Në një enë sisni miellin, pluhurin për pjekje dhe kripën.

3. Në një tas të madh me një mikser elektrik, rrihni gjalpin dhe sheqerin derisa të bëhen të lehta dhe të gëzojnë, rreth 2 minuta. Rrihni vezët një nga një. Shtoni lëkurën e limonit duke gërvishtur pjesën e brendshme të tasit me një shpatull gome. Shtoni gradualisht përzierjen e miellit dhe arrat derisa të përzihen.

Katër. Ndani brumin në gjysmë. Me duar të lagura, formoni secilën pjesë në një trung 12×2 inç në fletën e përgatitur të pjekjes. Piqni për 20 minuta ose derisa trungjet të jenë skuqur lehtë dhe të forta kur shtypen në qendër. Hiqeni tiganin nga furra, por mos e fikni zjarrin. Lërini trungjet të ftohen në tepsi për 10 minuta.

5. Rrëshqitni trungjet në një dërrasë prerëse. Pritini trungjet në feta 1/2 inç të trasha. Renditni fetat në tepsi. Piqni për 10 minuta ose derisa biskotat të kenë marrë një ngjyrë kafe të lehtë.

6. Bëni gati 2 rafte të mëdhenj ftohës. Transferoni biskotat në raftet. Lëreni të ftohet plotësisht. Ruani në një enë hermetike deri në 2 javë.

biskota me arra

Biscotti di Noce

rreth 80 vjet më parë

Vaji i ullirit mund të përdoret për gatim në një shumëllojshmëri të gjerë recetash. Përdorni vaj ulliri ekstra të virgjër me aromë të lehtë. Plotëson shumë varietete të arrave dhe agrumeve. Ja një recetë e biskotave që kam zhvilluar për një artikull të Washington Post mbi gatimin me vaj ulliri.

2 gota miell për të gjitha përdorimet

1 lugë çaji pluhur pjekjeje

1 lugë çaji kripë

2 vezë të mëdha, në temperaturë ambienti

dy/3 gota sheqer

një 1/2 filxhan vaj ulliri ekstra të virgjër

një 1/2 lugë çaji lëvore limoni

2 gota arra të pjekura (shihsi të skuqni dhe qëroni arrat)

një. Ngrohni furrën në 325°F. Lyejmë 2 tepsi të mëdhenj për pjekje.

dy. Kombinoni miellin, pluhurin për pjekje dhe kripën në një tas të madh.

3.Në një enë tjetër të madhe, rrihni vezët, sheqerin, vajin dhe lëkurën e limonit derisa të përzihen mirë. Shtoni përbërësit e thatë me një lugë druri derisa të përzihen. Shtoni arrat.

Katër. Ndani brumin në katër pjesë. Formoni copat në trungje 12×11/2 inç dhe vendosini ato disa centimetra larg njëra-tjetrës në fletët e përgatitura të pjekjes. Piqni për 20 deri në 25 minuta ose deri në kafe të artë të lehtë. Nxirreni nga furra por mos e fikni. Lërini biskotat të ftohen në tepsi për 10 minuta.

5.Rrëshqitni trungjet në një dërrasë prerëse. Duke përdorur një thikë të madhe dhe të rëndë, preni trungjet në mënyrë tërthore në feta 1/2 inç. Renditni fetat në tepsi dhe kthejini tepsitë në furrë. Piqni për 10 minuta ose derisa të skuqen dhe të marrin ngjyrë kafe të artë.

6. Bëni gati 2 rafte të mëdhenj ftohës. Transferoni biskotat në raftet. Lëreni të ftohet plotësisht. Ruani në një enë hermetike deri në 2 javë.

makarona bajamesh

amaretti

Bën 3 duzina

Në Italinë jugore ato bëhen duke shtypur bajamet e ëmbla dhe të hidhura. Bajamet e hidhura nga një pemë e veçantë bajame nuk shiten në Shtetet e Bashkuara. Ata kanë një përbërës aromë të ngjashëm me cianidin, i cili është një helm vdekjeprurës, kështu që ato nuk janë të miratuara për përdorim komercial. Më afër shijes së duhur është gjalpi komercial i bajames dhe disa ekstrakte bajamesh. Mos e ngatërroni marzipanin me marzipanin, i cili ka një përmbajtje të ngjashme, por më të lartë të sheqerit. Për shijen më të mirë, blini marzipan të shitur në kuti. Nëse nuk mund ta gjeni, kontrolloni me furrën tuaj lokale për të parë nëse ju shesin diçka.

Këto biskota ngjiten, kështu që unë i pjekim në peta jo ngjitëse të njohura si Silpats. Dyshekët nuk kanë nevojë për lubrifikimin, janë të lehta për t'u pastruar dhe të ripërdorshme. Mund t'i gjeni në dyqane të mira kuzhine. Nëse nuk keni dyshekë, fletët e pjekjes mund të shtrohen me letër pergamene ose letër alumini.

1 kanaçe (8 ons) gjalpë bajame, të grimcuar

1 gote sheqer

2 të bardha veze të mëdha, në temperaturë ambienti

një/4 lugë çaji ekstrakt bajame

36 qershi të sheqerosura ose bajame të plota

një. Ngrohni furrën në 350°F Lini 2 fletë të mëdha pjekjeje me letër pergamene ose letër alumini.

dy. Thërrmoni pastën e bajameve në një tas të madh. Shtoni sheqerin me një mikser elektrik me shpejtësi të ulët derisa të përzihet. Shtoni të bardhën e vezës dhe ekstraktin e bajames. Rritni shpejtësinë në mesatare dhe rrihni derisa të jetë shumë e qetë, rreth 3 minuta.

3. Merrni 1 lugë gjelle nga brumi dhe rrotullojeni lehtë. Nëse është e nevojshme, lagni majat e gishtave me ujë të ftohtë për të parandaluar ngjitjen. Vendosini topat një centimetër nga njëra-tjetra në fletën e përgatitur për pjekje. Shtypni një qershi ose bajame në pjesën e sipërme të brumit.

Katër. Piqni për 18 deri në 20 minuta ose derisa biskotat të kenë marrë një ngjyrë të lehtë të artë. Lëreni të ftohet shkurtimisht në tepsi.

5. Duke përdorur një shpatull të hollë metalike, transferoni biskotat në raftet e telit që të ftohen plotësisht. Ruani biskotat në enë hermetike. (Nëse dëshironi t'i mbani këto biskota për më shumë se një ose dy ditë, ngrijini ato për të mbajtur strukturën e tyre të butë. Ato mund të hahen menjëherë nga ngrirja.)

Makarona me arra pishe

Biskota di Pinoli

40 vjet më parë

Unë kam bërë shumë variacione të këtyre biskotave gjatë viteve. Ky version është i preferuari im sepse është bërë me gjalpë bajame dhe bajame të bluara për aromë dhe cilësi, dhe ka një shije të pasuruar të arra pishe të thekur (pignoli).

1 kanaçe (8 ons) gjalpë bajame

një/3 filxhanë bajame të grira hollë

2 te bardha veze te medha

1 filxhan sheqer pluhur plus më shumë për zbukurim

2 gota arra pishe ose bajame të prera në feta

një. Vendosni një raft në mes të furrës. Ngrohni furrën në 350°F. Lyeni me yndyrë një tepsi të madhe pjekjeje.

dy. Thërrmoni gjalpin e bajames në një tas të madh. Me një mikser elektrik me shpejtësi mesatare, rrahim bajamet, të bardhat e vezëve dhe 1 filxhan sheqer pastiçeri derisa të jenë të lëmuara.

3. Merrni një lugë gjelle nga brumi. Rrotulloni brumin mbi arrat e pishës, mbulojeni plotësisht dhe formoni një top. Vendoseni topin në fletën e përgatitur për pjekje. Përsëriteni me përbërësit e mbetur, duke i ndarë topat rreth 1 inç larg njëri-tjetrit.

Katër. Piqni për 18 deri në 20 minuta ose deri në kafe të artë të lehtë. E vendosim tavën e pjekjes në një raft që të ftohet. Lërini biskotat të ftohen në tepsi për 2 minuta.

5. Transferoni biskotat në raftet e telit që të ftohen plotësisht. Spërkateni me sheqer pluhur. Ruajeni në një enë hermetike në frigorifer deri në 1 javë.

shkopinj arra

nociolate

Bën 6 duzina

Këto shufra të buta dhe të thërrmuara janë të mbushura me arra. Ata mezi mbahen së bashku dhe shkrihen në gojën tuaj. I servirim me akullore me çokollatë.

2 1/3 gota miell për të gjitha përdorimet

1 1/2 filxhan lajthi të pjekura, të qëruara, të prera imët (shih Fig.si të skuqni dhe qëroni arrat)

1 1/2 filxhan sheqer

një 1/2 lugë çaji kripë

1 filxhan (2 shkopinj) gjalpë pa kripë, i shkrirë dhe i ftohur

1 vezë e madhe plus 1 të verdhë veze, të tundur

një. Vendosni një raft në mes të furrës. Ngrohni furrën në 350°F. Lyeni me yndyrë një tepsi me pelte 15×10×1 inç.

dy.Përzieni miellin, arrat, sheqerin dhe kripën në një tas të madh me një lugë druri. Shtoni gjalpin dhe përziejini derisa të njomet në mënyrë të barabartë. Shtoni vezët. Përziejini derisa të përzihet mirë dhe masa të qëndrojë së bashku.

3.Derdhni masën në tavën e përgatitur. Aplikojeni fort në një shtresë të barabartë.

Katër. Piqni për 30 minuta ose deri në kafe të artë. Pritini në drejtkëndësha 2x1 inç ndërsa jeni ende të nxehtë.

5.Lëreni të ftohet në tigan për 10 minuta. Transferoni biskotat në rafte të mëdha që të ftohen plotësisht.

Biskota me lajthi

Biscotti di Noce

Bën 5 duzina

Me arra dhe gjalpë, këto biskota gjysmëhënë Piemonte janë perfekte për Krishtlindje. Edhe pse zakonisht bëhet me lajthi, më pëlqen të përdor arra. Mund të zëvendësohen edhe bajamet.

Këto biskota mund të bëhen tërësisht në përpunuesin e ushqimit. Nëse jo, grini arrat dhe sheqerin në një blender ose mulli me arrat, më pas shtoni përbërësit e mbetur me dorë.

1 filxhan copa arre

një/3 filxhanë sheqer plus 1 filxhan tjetër për rrotullimin e biskotave

2 gota miell për të gjitha përdorimet

1 filxhan (2 shkopinj) gjalpë pa kripë, në temperaturë ambienti

një. Ngrohni furrën në 350°F. Lyejini me yndyrë dhe miell 2 tepsi të mëdhenj.

dy. Në një procesor ushqimi, kombinoni arrat dhe sheqerin. Përpunoni kikirikët derisa të grihen imët. Shtoni miellin dhe përpunoni derisa të përzihet.

3. Shtoni gradualisht gjalpin dhe shtypeni për përzierje. Hiqeni brumin nga kallëpi dhe shtrydhni me duar.

Katër. Hidhni 1 filxhan sheqer të mbetur në një tas të cekët. Merrni një brumë sa një arrë dhe e rrotulloni në një top. Formoni topin në formë gjysmëhëne duke i ngushtuar skajet. Rrotulloni lehtë në sheqer gjysmëhënës. Në tepsi të përgatitur vendosim gjysmëhënën. Përsëriteni me brumin dhe sheqerin e mbetur, duke e vendosur çdo biskotë rreth 1 inç larg njëri-tjetrit.

5. Piqni për 15 minuta ose deri në kafe të artë të lehtë. Vendosim tavat e pjekjes në raftet e telit që të ftohen për 5 minuta.

6. Transferoni biskotat në raftet e telit që të ftohen plotësisht. Ruani në një enë hermetike deri në 2 javë.

biskota ylberi

biskota trengjyrësh

Bën rreth 4 duzina

Edhe pse nuk i kam parë kurrë në Itali, këto biskota me ngjyrë trengjyrësh "ylber" ose krem çokollate janë të preferuara në furrat e tjera në Itali dhe Shtetet e Bashkuara. Për fat të keq, ato shpesh kanë ngjyrë të trashë dhe mund të jenë të thata dhe pa shije.

Provoni këtë recetë dhe do të shihni se sa të mira mund të jenë këto biskota. Është pak e vështirë për t'u bërë, por rezultatet janë të bukura dhe të shijshme. Nëse vendosni të mos përdorni ngjyrosje ushqimore, biskotat do të jenë akoma tërheqëse. Për lehtësi, është më mirë të keni tre fletë pjekje identike. Megjithatë, nëse piqni një grumbull brumi në të njëjtën kohë, mund t'i bëni biskotat në vetëm një tigan. Biskotat e gatshme ruhen mirë në frigorifer.

8 ons gjalpë bajame

1 1⁄2 filxhan (3 shkopinj) gjalpë pa kripë

1 gote sheqer

4 vezë të mëdha, të ndara

një 1/4 lugë çaji kripë

2 gota miell të pazbardhur për të gjitha përdorimet

10 pika ngjyrosje e kuqe ushqimore ose sipas shijes (opsionale)

10 pika ngjyrues ushqimor jeshil ose sipas shijes (opsionale)

një 1/2 filxhan reçel kajsie

një 1/2 filxhan reçel mjedër pa fara

1 pako (6 ons) patate të skuqura çokollate gjysmë të ëmbla

një. Ngrohni furrën në 350°F. Lyeni me yndyrë tre tepsi identike 13×9×2 inç. Rreshtoni tepsitë me letër yndyre dhe letrën me vaj.

dy. Thërrmoni marzipanin në një tas të madh përzierjeje. Shtoni gjalpin, 1/2 filxhan sheqer, të verdhën e vezës dhe kripën. Rrihni derisa të jetë e lehtë dhe me gëzof. E trazojmë miellin derisa të përzihet.

3. Në një enë tjetër të madhe rrihni të bardhat e vezëve me rrahës të pastër me shpejtësi mesatare derisa të bëhen shkumë. Gradualisht shtoni sheqerin e mbetur. Rritni shpejtësinë në nivel të lartë. Vazhdoni të përzieni derisa të bardhat e vezëve të formojnë maja të buta kur të ngrihen rrahjet.

Katër. Duke përdorur një shpatull gome, përzieni 1/3 e të bardhave në masën e mbështjellë për ta holluar. Shtoni gradualisht të bardhat e mbetura të vezëve.

5. Në një enë vendosim 1/3 e brumit dhe në një enë tjetër 1/3. Nëse përdorni ngjyrë ushqimore, palosni të kuqen në një tas dhe të gjelbërt në tjetrin.

6. Shpërndani çdo tas brumi në një tavë të përgatitur veçmas dhe i rrafshoni në mënyrë të barabartë me një shpatull. Piqni shtresat për 10 deri në 12 minuta, derisa torta të jetë e fortë dhe skajet të kenë ngjyrë shumë të çelur. Lëreni të ftohet në tigan për 5 minuta, më pas ngrini shtresat në raftet ftohëse duke e lënë letrën e dyllit të ngjitur. Lëreni të ftohet plotësisht.

7. Duke përdorur letrën për të ngritur një shtresë, kthejeni tortën nga ana tjetër dhe vendosni letrën lart në një pjatë të madhe. Hiqni me kujdes letrën. Përhapeni me një shtresë të hollë reçeli me mjedër.

8. Vendoseni shtresën e dytë të letrës me fytyrë lart mbi të parën. Hiqni letrën dhe lyeni pandispanjen me reçelin e kajsisë.

9. Vendoseni letrën e mbetur të palosjes me fytyrë lart. Qëroni letrën. Duke përdorur një thikë dhe vizore të madhe, të rëndë si udhëzues, shkurtoni skajet e tortës në mënyrë që shtresat të jenë të sheshta dhe të njëtrajtshme përreth.

10. Sillni rreth 2 inç ujë të ziejë në gjysmën e poshtme të një kazani të dyfishtë ose tenxhere të vogël. Vendosni copat e çokollatës në gjysmën e sipërme të bojlerit të dyfishtë ose në një tas të vogël rezistent ndaj nxehtësisë që përshtatet mirë mbi tenxhere. Vendoseni enën mbi ujë të vluar. Le të ulemi me gojë hapur derisa çokollata të zbutet. Përziejini derisa të jetë e qetë. Hidhni çokollatën e shkrirë mbi shtresat e kekut dhe përhapeni lehtë me një shpatull. Lëreni në frigorifer për rreth 30 minuta, derisa çokollata të fillojë të ngurtësohet. (Mos e lini të forcohet shumë ose do të plasaritet kur ta prisni.)

njëmbëdhjetë. Nxirreni tortën nga frigoriferi. Duke përdorur një vizore ose një vizore tjetër si udhërrëfyes, presim tortën për së gjati në 6 shirita duke e ndarë fillimisht në të tretat dhe më pas të tretat në gjysmë. Pritini diagonalisht në 5 shirita. Ftoheni tortën e prerë në tavë në frigorifer derisa çokollata të forcohet. Servirini ose transferojini biskotat në një enë hermetike dhe ruajini në frigorifer. Këto qëndrojnë të mira për disa javë.

Biskota me fiku të Krishtlindjeve

cuccidati

Bën 18 biskota të mëdha

Nuk mund ta imagjinoj Krishtlindjen pa këto biskota. Për shumë sicilianë, bërja e tyre është një projekt familjar. Gratë e përziejnë dhe rrotullojnë brumin, ndërsa meshkujt presin dhe bluajnë përbërësit për mbushjen. Fëmijët dekorojnë biskotat e mbushura. Ato janë prerë tradicionalisht në shumë forma fantastike që i ngjajnë zogjve, gjetheve ose luleve. Disa familje bëjnë dhjetëra për t'ua dhënë miqve dhe fqinjëve të tyre.

Pastiçeri

21/2 gota miell për të gjitha përdorimet

një/3 gota sheqer

2 lugë çaji pluhur pjekjeje

një 1/2 lugë çaji kripë

6 lugë gjelle gjalpë pa kripë

2 vezë të mëdha, në temperaturë ambienti

1 lugë çaji ekstrakt i pastër vanilje

mbushje

2 gota fiq të thatë të lagur, kërcelli i hequr

një 1/2 filxhan rrush të thatë

1 filxhan arra të pjekura dhe të grira

një 1/2 filxhan çokollatë gjysmë të ëmbël të copëtuar (rreth 2 ons)

një/3 filxhanë mjaltë

një 1/4 filxhan lëng portokalli

1 lugë çaji lëvore portokalli

1 lugë çaji kanellë të bluar

një/8 lugë çaji karafil të bluar

Kuvendi

1 e verdhë veze e rrahur me 1 lugë çaji ujë

spërkatje shumëngjyrëshe me sheqer

një. Përgatitni brumin: Në një tas të madh bashkoni miellin, sheqerin, pluhurin për pjekje dhe kripën. Rrihni gjalpin duke përdorur një mikser elektrik ose mikser derisa masa të ngjajë me thërrime të trashë.

dy. Rrihni vezët dhe vaniljen në një enë. Tek përbërësit e thatë shtojmë vezët duke i trazuar me lugë druri derisa brumi të jetë i lagur në mënyrë të barabartë. Nëse brumi është shumë i thatë, përziejeni me pak ujë të ftohtë disa pika në të njëjtën kohë.

3. Mblidhni brumin në një top dhe vendoseni në një fletë plastike. Rrafshoni në një disk dhe mbështilleni mirë. Lëreni në frigorifer për të paktën 1 orë ose gjatë gjithë natës.

Katër. Përgatitni mbushjen: Në një përpunues ushqimi ose mulli mishi, grijini fiqtë, rrushin e thatë dhe arrat derisa të copëtohen përafërsisht. Përziejini me përbërësit e mbetur. Mbulojeni dhe vendoseni në frigorifer nëse nuk përdoret brenda një ore.

5. Për të mbledhur ëmbëlsira, ngrohni furrën në 375°F. Lyeni me yndyrë dy fletë të mëdha pjekjeje.

6. Pritini brumin në 6 pjesë. Në një sipërfaqe të lyer pak me miell, rrotulloni secilën pjesë në një trung rreth 4 inç të gjatë.

7. Duke përdorur një gjilpërë me miell, rrotulloni një trung në një drejtkëndësh 9×5 inç. Pritini skajet.

8. Vendosni një rrip mbushjeje 3/4 inç paksa për së gjati në njërën anë të qendrës së brumit të mbështjellë. Palosni njërën anë të gjatë të brumit mbi tjetrën dhe mbylleni duke shtypur skajet së bashku. Brumin e mbushur e presim diagonalisht në 3 pjesë të barabarta.

9. Duke përdorur një thikë të mprehtë, prisni të çara 3/4 inç në intervale 1/2 inç përmes mbushjes dhe brumit. Kthejeni pak që të hapen të çarat dhe të zbulohet mbushja e fikut, duke i vendosur kiflet një inç larg njëra-tjetrës në tepsi.

10. Lyejeni brumin me vezë të rrahur. Spërkateni me karamel sipas dëshirës. Përsëriteni me pjesën tjetër të përbërësve.

njëmbëdhjetë. Piqni biskotat për 20 deri në 25 minuta ose derisa të marrin ngjyrë kafe të artë.

12. Ftohni biskota në raftet me tela. Ruajeni në një enë hermetike në frigorifer deri në 1 muaj.

bajame e brishtë

Croccante ose Torrone

Bën 10 deri në 12 racione

Siçilianët i bëjnë këto ëmbëlsira me arra pishe, fëstëkë ose susam në vend të bajameve. Limoni është perfekt për zbutjen e shurupit të nxehtë.

vaj perimesh

2 gota sheqer

një 1/4 filxhan mjaltë

2 gota bajame (10 ons)

1 limon i plotë, i larë dhe i tharë

një. Lyejeni një sipërfaqe mermeri ose një fletë pjekjeje metalike me vaj vegjetal me aromë neutrale.

dy. Kombinoni sheqerin dhe mjaltin në një tenxhere të mesme. Gatuani në zjarr mesatar-të ulët, duke e përzier herë pas here, derisa sheqeri të fillojë të shkrihet, rreth 20 minuta. Lëreni të vlojë dhe gatuajeni pa e përzier për 5 minuta të tjera ose derisa shurupi të jetë i pastër.

3. Shtoni arrat dhe ziejini për rreth 3 minuta derisa shurupi të marrë ngjyrë qelibar. Mbi sipërfaqen e përgatitur hidhni me kujdes shurupin e nxehtë, duke përdorur limonin për të lëmuar arrat në një shtresë të vetme. Lëreni të ftohet plotësisht. Kur e brishta të jetë ftohur dhe ngurtësuar, pas rreth 30 minutash, fërkoni një shpatull të hollë metalike poshtë. Merrni atë të brishtë dhe prejeni në copa 1 1/2 inç. Ruani në enë hermetike në temperaturën e dhomës.

Rrotullat e arrës siciliane

mostaccioli

Bën 64 biskota

Ishte një kohë kur këto biskota bëheshin me Mosto cotto, lëng rrushi të koncentruar. Kuzhinierët sot përdorin mjaltë.

Pastiçeri

3 gota miell për të gjitha përdorimet

një1/2 filxhan sheqer

1 lugë çaji kripë

një1/2 filxhan shkurtues perimesh

4 lugë gjelle (1/2 shkop) gjalpë pa kripë, në temperaturë ambienti

2 vezë të mëdha

2 deri në 3 lugë qumësht të ftohtë

mbushje

1 filxhan bajame të pjekura

1 filxhan arra te pjekura

një 1/2 filxhan lajthi të pjekura dhe pa lëvozhgë

një 1/4 filxhan sheqer

një 1/4 filxhan mjaltë

2 lugë çaji lëvore portokalli

një 1/4 lugë çaji kanellë të bluar

sheqer ëmbëltore

një. Kombinoni miellin, sheqerin dhe kripën në një tas të madh. Pritini në prerje dhe gjalpë derisa masa të ngjajë me thërrime të trashë.

dy. Në një tas të vogël rrihni vezët me dy lugë qumësht. Shtoni përzierjen tek përbërësit e thatë, duke e përzier derisa masa të njomet në mënyrë të barabartë. Nëse është e nevojshme, përzieni me pak qumësht.

3. Mblidhni brumin në një top dhe vendoseni në një fletë plastike. Rrafshoni në një disk dhe mbështilleni mirë. Lëreni në frigorifer për 1 orë deri në një natë.

Katër. Përpunoni arrat dhe sheqerin në një përpunues ushqimi. Tregtoni derisa të jetë mirë. Shtoni mjaltin, lëkurën dhe kanellën dhe përpunoni derisa të kombinohen. Ngrohni furrën në 350°F. Lyejmë 2 tepsi të mëdhenj për pjekje.

5. Ndani brumin në 4 pjesë. Përhapeni një copë midis dy mbështjellësve plastike për të krijuar një katror pak më të madh 8 inç. Pritini skajet dhe priteni brumin në katrorë 2 inç. Hidhni një lugë çaji nga mbushja në njërën skaj të çdo katrori. Hapeni brumin për të mbuluar plotësisht mbushjen. Vendoseni në tepsi me anën e qepjes poshtë. Përsëriteni me brumin e mbetur dhe mbushjen, duke vendosur biskota një inç larg njëra-tjetrës.

6. Piqni për 18 minuta ose derisa biskotat të marrin ngjyrë kafe të lehtë. Transferoni biskotat në raftet e telit për tu ftohur. Ruajeni në një enë të mbyllur mirë deri në 2 javë. Spërkateni me sheqer pluhur përpara se ta shërbeni.

Biskotë

bukë spanjolle

Bën dy shtresa 8 ose 9 inç

Kjo tortë klasike dhe e gjithanshme italiane funksionon mirë me mbushje të tilla si konserva frutash, krem pana, krem pastiçerie, akullore ose krem rikota. Torta gjithashtu ngrin mirë, kështu që është e përshtatshme ta keni në dorë për ëmbëlsira të shpejta.

Gjalpë për tigan

6 vezë të mëdha, në temperaturë ambienti

dy/3 gota sheqer

1 1/2 lugë çaji ekstrakt të pastër vanilje

1 filxhan miell per perdorim i situr

një. Vendoseni raftin në mes të furrës. Ngrohni furrën në 375°F. Lyeni me yndyrë dy format e kifleve 8 ose 9 inç. Rreshtoni fundet e tavave me rrathë letre dylli ose letër pergamene. Lubrifikoni letrën. I pudrosni tavat me miell dhe hiqni tepricën.

dy. Në një tas të madh me një mikser elektrik, filloni të përzieni vezët me shpejtësi të ulët. Gradualisht shtoni sheqerin duke rritur gradualisht shpejtësinë e mikserit. Shtoni vaniljen. Rrihni vezët për rreth 7 minuta derisa të jenë të trasha dhe të verdha të lehta.

3. Hidheni miellin në një sitë me rrjetë të imët. Shkundni rreth një të tretën e miellit mbi përzierjen e vezëve. Shtoni miellin ngadalë dhe shumë butësisht me një shpatull gome. Përsëriteni, duke shtuar miellin në 2 tufa dhe paloseni derisa të mos mbeten gjurmë.

Katër. Përhapeni brumin në mënyrë të barabartë në tavat e përgatitura. Piqni për 20 deri në 25 minuta, ose derisa ëmbëlsirat të kthehen kur shtypen lehtë në qendër dhe majat të jenë skuqur lehtë. Keni gati 2 rafte ftohjeje. Ftoheni ëmbëlsirat në raftet e telit në tepsi për 10 minuta.

5. Përmbysni ëmbëlsirat në raftet dhe hiqni tiganët. Hiqni me kujdes letrën. Lëreni të ftohet plotësisht. Shërbejeni menjëherë ose mbulojeni me një tas të përmbysur dhe ruajeni në temperaturën e dhomës deri në 2 ditë.

kek me agrume

kek agrumi

Shërben nga 10 deri në 12

Vaji i ullirit i jep kësaj torte një shije dhe cilësi të veçantë. Përdorni një vaj ulliri të lehtë ose aroma mund të jetë ndërhyrëse. Kjo tortë është e mirë për njerëzit që nuk mund të hanë këto ushqime, pasi nuk përmban gjalpë, qumësht apo produkte të tjera të qumështit.

Kjo është një tortë e mrekullueshme, edhe pse shumë e lehtë dhe e ajrosur. Për të pjekur këtë, do t'ju duhet një tavë tub 10 inç me një fund të lëvizshëm, lloji i përdorur për ëmbëlsira me ushqimin e engjëjve.

Pak krem tartari, i disponueshëm në seksionin e erëzave të shumicës së supermarketeve, ndihmon në stabilizimin e të bardhave të vezëve në këtë tortë të mrekullueshme.

2 1/4 filxhan miell për kek të thjeshtë (që nuk ngrihet vetë)

1 lugë gjelle pluhur pjekjeje

1 lugë çaji kripë

6 vezë të mëdha, të ndara, në temperaturë ambienti

1 1/4 filxhan sheqer

1 1/2 lugë çaji lëvore portokalli

1 1/2 lugë çaji lëkure limoni të grirë në rende

3 1/4 filxhan lëng portokalli të freskët të shtrydhur

një 1/2 filxhan vaj ulliri ekstra të virgjër

1 lugë çaji ekstrakt i pastër vanilje

një/4 lugë çaji krem tartar

një. Vendoseni raftin e furrës në të tretën e poshtme të furrës. Ngrohni furrën në 325°F. Në një tas të madh, sitini miellin, pluhurin për pjekje dhe kripën.

dy. Në një tas të madh me një mikser elektrik, rrihni të verdhat e vezëve, 1 filxhan sheqer, lëkurën e portokallit dhe limonit, lëngun e portokallit, vajin dhe ekstraktin e vaniljes derisa të jenë të lëmuara, rreth 5 minuta. Palosni lëngun në përbërësit e thatë duke përdorur një shpatull gome.

3. Në një enë tjetër të madhe me rrahës të pastër, rrihni të bardhat e vezëve me shpejtësi mesatare derisa të bëhen shkumë. Shtoni gradualisht 1/4 e filxhanit sheqer dhe kremin e tartarit. Rritni shpejtësinë në nivel të lartë. Rrihni derisa të formohen maja të buta kur të ngrihen rrahjet, rreth 5 minuta. Shtoni të bardhat e vezëve në brumë.

Katër. Fërkoni brumin në një tigan me tub 10 inç pa vaj me një fund të heqshëm. Piqeni për 55 minuta ose derisa torta të marrë ngjyrë të artë dhe një hell i futur në qendër të dalë i pastër.

5. Vendoseni tavën me kokë poshtë në një raft ftohjeje dhe lëreni kekun të ftohet plotësisht. Vendosni një thikë me majë të imët në brendësi të kallëpit për të liruar tortën. Hiqni kekun dhe pjesën e poshtme të kallëpit. Rrëshqitni thikën poshtë tortës dhe hiqni pjesën e poshtme të tavës. Shërbejeni menjëherë ose mbulojeni me një enë me kokë poshtë dhe ruajeni në temperaturën e dhomës deri në 2 ditë.

Torte me limon dhe vaj ulliri

Tortë me limon

Bën 8 racione

Një tortë e shijshme me limon për ta pasur gjithmonë në dorë nga Pulia.

1 1/2 filxhan miell për kek të thjeshtë (që nuk ngrihet vetë)

1 1/2 lugë çaji pluhur pjekjeje

një 1/2 lugë çaji kripë

3 vezë të mëdha, në temperaturë ambienti

1 gote sheqer

një/3 gota vaj ulliri

1 lugë çaji ekstrakt i pastër vanilje

1 lugë çaji lëvore limoni

një 1/4 filxhan lëng limoni të saposhtrydhur

një. Vendoseni raftin në të tretën e poshtme të furrës. Ngrohni furrën në 350°F. Lyeni me yndyrë një tepsi 9 inç në formë pranvere.

dy. Në një tas të madh, sitini së bashku miellin, pluhurin për pjekje dhe kripën.

3. Thyejeni vezët në një tas të madh mikser elektrik. Rrihni me shpejtësi mesatare derisa të trashet dhe të zverdhet, rreth 5 minuta. Shtoni gradualisht sheqerin dhe rrihni edhe për 3 minuta të tjera. Shtoni vajin gradualisht. Rrihni për një minutë tjetër. Shtoni vaniljen dhe lëkurën e limonit.

Katër. Duke përdorur një shpatull gome, shtoni përbërës të thatë në tre shtesa, duke alternuar me lëng limoni në dy shtesa.

5. Hedhim brumin në tavën e përgatitur. Piqni për 35 deri në 40 minuta ose derisa torta të marrë ngjyrë kafe të artë dhe të kthehet përsëri kur shtypet në qendër.

6. Kthejeni tiganin në një raft teli. Lëreni të ftohet plotësisht. Kaloni një thikë rreth skajit të jashtëm dhe hiqeni. Shërbejeni menjëherë ose mbulojeni me një enë me kokë poshtë dhe ruajeni në temperaturën e dhomës deri në 2 ditë.

tortë mermeri

kek marmorata

Bën 8 deri në 10 racione

Në Itali, mëngjesit i kushtohet pak vëmendje. Vezët dhe drithërat hahen rrallë, dhe shumica e italianëve do të mjaftohen me kafe dhe bukë të thekur, ose ndoshta një ose dy biskota. Mëngjeset e hoteleve janë përgjithësisht të bollshme me mish të ftohtë, djathëra, fruta, vezë, kos, bukë e pasta dhe plotësojnë shijet e huaja. Në një hotel në Venecia, pashë një tortë të mrekullueshme mermeri, një nga ëmbëlsirat e mia të preferuara, të ekspozuar me krenari në stendën e tortës. Ishte i mrekullueshëm me një filxhan kapuçino dhe mund ta shijoja si në kohën e çajit. Kamerieri tha se torta dërgohej e freskët çdo ditë nga një furrë buke lokale ku ishte e veçantë. Ky është versioni im i frymëzuar nga ai në Venecia.

1 1/2 filxhan miell për kek të thjeshtë (që nuk ngrihet vetë)

1 1/2 lugë çaji pluhur pjekjeje

një 1/2 lugë çaji kripë

3 vezë të mëdha, në temperaturë ambienti

1 gote sheqer

një 1/2 filxhan vaj vegjetal

1 lugë çaji ekstrakt i pastër vanilje

një/4 lugë çaji ekstrakt bajame

një 1/2 filxhan qumësht

2 ons çokollatë e hidhur ose gjysmë e ëmbël, e shkrirë dhe e ftohur

një. Vendoseni raftin e furrës në të tretën e poshtme të furrës. Ngrohni furrën në 325°F. Lyeni me yndyrë dhe miell një tepsi me tub 10 inç dhe shkundni miellin e tepërt.

dy. Në një tas të madh, sitini së bashku miellin, pluhurin për pjekje dhe kripën.

3. Në një enë tjetër të madhe, duke përdorur një mikser elektrik, rrihni vezët me shpejtësi mesatare deri në të verdhë të errët në të hapur, rreth 5 minuta. Gradualisht shtoni sheqer, një lugë gjelle në një kohë. Vazhdoni të përzieni edhe për 2 minuta të tjera.

Katër. Shtoni gradualisht vajin dhe ekstraktet. Shtoni miellin 3 herë, në mënyrë alternative qumështin në të dyja herët.

5. Hiqni rreth 1 1/2 filxhan nga brumi dhe vendosini në një tas të vogël. Lëreni mënjanë. Brumin e mbetur e grijmë në tiganin e përgatitur.

6. Palosni çokollatën e shkrirë në brumin e rezervuar. Sipër brumit në tavë vendosni një lugë të madhe brumë me çokollatë. Për ta kthyer brumin, mbani një thikë tavoline me majën poshtë. Fusni majën e thikës në brumë, rrotullojeni butësisht rreth tepsisë të paktën 2 herë.

7. Piqni për 40 minuta ose derisa torta të marrë ngjyrë të artë dhe një kruese dhëmbësh të dalë e pastër. Lëreni të ftohet në raft për 10 minuta.

8. Përmbyseni tortën në raft dhe hiqeni tavën. Kthejeni tortën në anën e djathtë lart në një raft tjetër. Lëreni të ftohet plotësisht. Shërbejeni menjëherë ose mbulojeni me një tas të përmbysur dhe ruajeni në temperaturën e dhomës deri në 2 ditë.

Tortë me rum

babai dhe rum

Bën 8 deri në 10 racione

Sipas një historie popullore, kjo tortë u shpik nga një mbret polak, i cili e gjeti babkën e tij, një tortë me maja polake, shumë të thatë dhe derdhi një gotë rum mbi të. Krijimi i saj u emërua baba për nder të Ali Babës nga Netët Arabe. Se si u bë e njohur në Napoli nuk dihet me siguri, por ka qenë kështu për një kohë.

Për shkak se është fermentuar me maja dhe jo me sodë buke, zhulja ka një strukturë sfungjerore që është e përkryer për të thithur shurupin e rumit. Disa versione piqen në kallëpe tortash në miniaturë, ndërsa të tjerat janë të mbushura me krem. Më pëlqen ta shërbej me luleshtrydhe dhe krem pana anash; Nuk është tipike, por bën një prezantim të shijshëm dhe të këndshëm.

1 pako (2 1/2 lugë çaji) maja e thatë aktive ose maja e menjëhershme

një 1/4 filxhan qumësht të ngrohtë (100° deri në 110°F)

6 vezë të mëdha

2 2/3 gota miell për të gjitha përdorimet

3 luge sheqer

një 1/2 lugë çaji kripë

3/4 filxhanë (1 1/2 shkopinj) gjalpë pa kripë, në temperaturë ambienti

Shurup

2 gota sheqer

2 gota ujë

2 (2 inç) rripa lëkure limoni

një 1/4 filxhan rum

një. Lyejeni një tavë me tub 10 inç.

dy. Spërkateni majanë mbi qumështin e ngrohtë. Lëreni të qëndrojë derisa të bëhet krem, rreth 1 minutë, më pas përzieni derisa të shkrihet.

3. Në një tas të madh, rrihni vezët me një mikser elektrik me shpejtësi mesatare derisa të bëhen shkumë, rreth 1 minutë.

Rrihni së bashku miellin, sheqerin dhe kripën. Shtoni majanë dhe gjalpin dhe i rrahim për rreth 2 minuta derisa të përzihen mirë.

Katër. Hedhim brumin në tavën e përgatitur. Mbulojeni me mbështjellës plastik dhe lëreni në një vend të ngrohtë për 1 orë ose derisa brumi të dyfishohet në vëllim.

5.Vendosni një raft në mes të furrës. Ngrohni furrën në 400°F. Piqni për 30 minuta ose derisa të marrë ngjyrë kafe të artë dhe një hell i futur në qendër të dalë i pastër.

6.Përmbyseni tortën në raft teli për t'u ftohur. Hiqeni tiganin dhe lëreni të ftohet për 10 minuta.

7.Kombinoni sheqerin, ujin dhe lëkurën e limonit në një tenxhere të mesme për të bërë shurupin. Lëreni përzierjen të vlojë dhe përzieni derisa sheqeri të tretet, rreth 2 minuta. Hiqni lëkurën e limonit. Shtoni rumin. Rezervoni 1/4 filxhan shurup.

8.Kthejeni tortën në tepsi. Me një pirun hapni vrima në të gjithë sipërfaqen. Derisa të dyja janë të nxehta, shurupin e derdhni ngadalë sipër kekut. Lëreni të ftohet plotësisht në tigan.

9. Pak përpara se ta shërbeni, kthejeni tortën në një pjatë servirjeje dhe hidhni shurupin e mbetur mbi të. Shërbejeni tani. Ruajeni të mbuluar në një enë të përmbysur në temperaturën e dhomës deri në 2 ditë.

tortë gjyshe

jo tortë

Bën 8 racione

Nuk mund të vendosja nëse do të vendosja pranë tarteve apo ëmbëlsirave këtë recetë të quajtur Torta della nonna; gjithsesi, meqenëse toskanët e quajnë torta, unë e përfshij në torta. Përbëhet nga dy shtresa brumi të mbushura me një krem të trashë pastiçerie. Nuk e di kush e shpiku gjyshen time, por të gjithë e duan tortën e saj. Ka shumë variacione, disa prej të cilave janë me shije limoni.

1 gotë ujë Qumësht

3 te verdha veze te medha

një/ 3 gota sheqer

1 1/2 lugë çaji ekstrakt të pastër vanilje

2 lugë miell për të gjitha përdorimet

2 lugë liker portokalli ose rum

Pastiçeri

12/3 gota miell për të gjitha përdorimet

një 1/2 filxhan sheqer

1 lugë çaji pluhur pjekjeje

një 1/2 lugë çaji kripë

një 1/2 filxhan (1 shkop) gjalpë pa kripë, në temperaturën e dhomës

1 vezë e madhe, e rrahur lehtë

1 lugë çaji ekstrakt i pastër vanilje

1 e verdhë veze e rrahur me 1 lugë çaji ujë, për vezën e fërguar

2 lugë arra pishe

sheqer ëmbëltore

një.Në një tenxhere të mesme, ngrohni qumështin në zjarr të ulët derisa të formohen flluska rreth skajeve. Hiqeni nga zjarri.

dy. Në një tas mesatar, rrihni të verdhat e vezëve, sheqerin dhe vaniljen derisa të zverdhen, rreth 5 minuta. Shtoni miellin. Shtoni pak nga pak qumështin e nxehtë duke e trazuar vazhdimisht. Transferoni masën në tenxhere dhe gatuajeni në zjarr mesatar, duke e përzier vazhdimisht, derisa të vlojë. Ulni zjarrin dhe gatuajeni për 1 minutë. Hidheni përzierjen në një enë. Shtoni likerin. Vendosni një copë mbështjellëse plastike direkt mbi krem për të parandaluar formimin e një kore. Lëreni në frigorifer për 1 orë deri në një natë.

3. Vendoseni raftin në mes të furrës. Ngrohni furrën në 350°F. Lyeni me yndyrë një formë të rrumbullakët për kek 9×2 inç.

Katër. Përgatitni brumin: Në një tas të madh përzieni miellin, sheqerin, pluhurin për pjekje dhe kripën. Duke përdorur një mikser, shtoni gjalpë derisa masa të ngjajë me thërrime të trashë. Shtoni vezën dhe vaniljen dhe përziejini derisa të formohet një brumë. Ndani brumin në gjysmë.

5. Përhapeni gjysmën e llaçit në mënyrë të barabartë në fund të tepsisë që përgatitët. Shtypni brumin në fund të tavës dhe anët 1/2 inç lart. Përhapeni kremin e ftohur në qendër të brumit, duke lënë një kufi 1 inç rreth buzës.

6. Në një sipërfaqe të lyer pak me miell, rrotulloni brumin e mbetur në një rreth 91/2 inç. Vendoseni brumin mbi mbushje. Shtypni skajet e brumit që të mbyllen. Lyejeni vezën e rrahur me furçë mbi tortë. Spërkateni me arra pishe. Duke përdorur një thikë të vogël, bëni disa prerje në pjesën e sipërme për të lejuar që avulli të dalë.

7. Piqni për 35 deri në 40 minuta ose derisa sipër të marrin ngjyrë kafe të artë. Lëreni të ftohet në tigan mbi një raft për 10 minuta.

8. Kthejeni tortën në raft teli, më pas përmbyseni në një raft tjetër teli që të ftohet plotësisht. Spërkateni me sheqer pluhur përpara se ta shërbeni. Shërbejeni menjëherë ose mbështilleni tortën me plastikë dhe vendoseni në frigorifer deri në 8 orë. Mbështilleni dhe ruajeni në frigorifer.

Tortë me kajsi dhe bajame

Tortë Albicocche dhe Mandorle

Bën 8 racione

Kajsia dhe bajamet janë shije shumë të përputhshme. Nëse nuk gjeni kajsi të freskëta, zëvendësoni pjeshkët ose nektarinat.

Shtesë

dy/3 gota sheqer

një 1/4 filxhan ujë

12 deri në 14 kajsi ose 6 deri në 8 pjeshkë, të përgjysmuara, të prera dhe të prera në feta 1/4 inç të trashë

Byrek

1 filxhan miell për të gjitha përdorimet

1 lugë çaji pluhur pjekjeje

një 1/2 lugë çaji kripë

një 1/2 filxhan gjalpë bajame

2 lugë gjelle gjalpë pa kripë

dy/3 gota sheqer

një 1/2 lugë çaji ekstrakt të pastër vanilje

2 vezë të mëdha

dy 1/3 filxhan qumësht

një. Përgatitja e salcës: Hidhni sheqerin dhe ujin në një tenxhere të vogël e të rëndë. Gatuani në zjarr mesatar, duke e përzier herë pas here, derisa sheqeri të tretet plotësisht, rreth 3 minuta. Kur përzierja të fillojë të ziejë, ndaloni së përzieri dhe gatuajeni derisa skajet e shurupit të fillojnë të skuqen. Më pas tundeni butësisht tiganin për rreth 2 minuta të tjera, derisa shurupi të marrë një ngjyrë të njëtrajtshme kafe të artë.

dy. Duke mbrojtur dorën tuaj me një dorezë, derdhni menjëherë karamelin në një formë torte të rrumbullakët 9x2 inç. Anoni tiganin për të mbuluar në mënyrë të barabartë pjesën e poshtme. Lëreni karamelin të ftohet derisa të piqet, rreth 5 minuta.

3. Vendoseni raftin e furrës në mes të furrës. Ngrohni furrën në 350°F. Frutat e prera në feta i rregullojmë në rrathë mbi karamel, pak të mbivendosur.

Katër. Bashkoni miellin, pluhurin për pjekje dhe kripën në një kullesë me rrjetë të imët në një copë letër yndyre. Shoshitni përbërësit e thatë në letër.

5. Në një tas të madh me mikser elektrik, rrihni gjalpin e bajameve, gjalpin, sheqerin dhe vaniljen derisa të bëhen me gëzof, rreth 4 minuta. Rrihni vezët një nga një, duke gërvishtur anët e enës. Vazhdoni të përzieni derisa të jetë e qetë dhe e përzier mirë, rreth 4 minuta të tjera.

6. Me mikser me shpejtësi të ulët shtojmë 1/3 e masës së miellit. Shtoni 1/3 e qumështit. Shtoni përzierjen e mbetur të miellit dhe qumështit në dy shtesa të tjera duke përfunduar në miell në të njëjtën mënyrë. Përziejini derisa të jetë e qetë.

7. Hidheni brumin mbi fruta. Piqni për 40 deri në 45 minuta, ose derisa torta të marrë ngjyrë të artë dhe një hell i futur në qendër të dalë i pastër.

8. E lemë tortën të ftohet në raftin e telit në tepsi për 10 minuta. Vendosni një shpatull të hollë metalike rreth pjesës së

brendshme të tiganit. Përmbysni tortën në pjatën e servirjes (frutat do të jenë sipër) dhe ftoheni plotësisht përpara se ta shërbeni. Shërbejeni menjëherë ose mbulojeni me një tas të përmbysur dhe ruajeni në temperaturën e dhomës deri në 24 orë.

tortë me fruta verore

Torta dell'Estate

Bën 8 racione

Frutat e gjirit si kumbullat, kajsitë, pjeshkët dhe nektarinat janë ideale për këtë tortë. Provoni ta bëni me përzierje frutash.

12 deri në 16 kumbulla të thara ose kajsi ose 6 pjeshkë ose nektarina të mesme, të përgjysmuara, të prera në feta 1/2 inç

1 filxhan miell për të gjitha përdorimet

1 lugë çaji pluhur pjekjeje

një 1/2 lugë çaji kripë

një 1/2 filxhan (1 shkop) gjalpë pa kripë, në temperaturën e dhomës

dy/3 filxhanë plus 2 lugë sheqer

1 vezë e madhe

1 lugë çaji lëvore limoni

1 lugë çaji ekstrakt i pastër vanilje

sheqer ëmbëltore

një. Vendoseni raftin në mes të furrës. Ngrohni furrën në 350°F. Lyeni me yndyrë një tepsi 9 inç në formë pranvere.

dy. Në një tas të madh përzieni miellin, pluhurin për pjekje dhe kripën.

3. Në një enë tjetër të madhe, rrihni 2/3 filxhan sheqer dhe gjalpë derisa të bëhen të lehta dhe me gëzof, rreth 3 minuta. Rrihni vezët, lëkurën e limonit dhe vaniljen derisa të jenë të lëmuara. Shtoni përbërësit e thatë dhe përziejini për rreth 1 minutë deri sa të kombinohen.

Katër. Hedhim brumin në tavën e përgatitur. Frutat i radhisim në rrathë koncentrikë, pak të mbivendosur. Spërkateni me 2 lugët e mbetura sheqer.

5. Piqni për 45 deri në 50 minuta, ose derisa torta të marrë ngjyrë të artë dhe një hell i futur në qendër të dalë i pastër.

6. Lëreni tortën të ftohet në raft teli për 10 minuta, më pas hiqni buzën e tepsisë. Lëreni tortën të ftohet plotësisht. Spërkateni me sheqer pluhur përpara se ta shërbeni. Shërbejeni

menjëherë ose mbulojeni me një enë me kokë poshtë dhe ruajeni në temperaturën e dhomës deri në 24 orë.

kek me fruta vjeshte

Torta e vjeshtës

Bën 8 racione

Mollët, dardhat, fiqtë ose kumbullat janë të mira në këtë byrek të lehtë. Brumi formon një shtresë të sipërme që nuk e mbulon plotësisht frutin dhe e lejon atë të shikojë nga sipërfaqja e tortës. Më pëlqen ta servir pak të ngrohtë.

1 1/2 filxhan miell për të gjitha përdorimet

1 lugë çaji pluhur pjekjeje

një 1/2 lugë çaji kripë

2 vezë të mëdha

1 gote sheqer

1 lugë çaji ekstrakt i pastër vanilje

4 lugë gjalpë pa kripë, të shkrirë dhe të ftohur

2 mollë ose dardha mesatare, të qëruara, me bërthama dhe të prera hollë

sheqer ëmbëltore

një. Vendoseni raftin në mes të furrës. Ngrohni furrën në 350°F. Lyeni me yndyrë dhe lyeni me miell një tepsi për kek 9 inç në formë pranvere. Shkundni miellin e tepërt.

dy. Përzieni miellin, pluhurin për pjekje dhe kripën në një enë.

3. Në një tas të madh, rrihni vezët me sheqerin dhe vaniljen derisa të përzihen, rreth 2 minuta. Përzieni gjalpin. Përzieni përzierjen e miellit për rreth 1 minutë të tjera, derisa të përzihet.

Katër. Vendosni gjysmën e brumit në tavën e përgatitur. Mbulojeni me fruta. Hidhni me lugë llaçin e mbetur. Përhapeni brumin në mënyrë të barabartë mbi frutat. Shtresa do të jetë e hollë. Mos u shqetësoni nëse fruti nuk është plotësisht i mbuluar.

5. Piqni për 30 deri në 35 minuta, ose derisa torta të marrë ngjyrë kafe të artë dhe një kruese dhëmbësh e futur në qendër të dalë e pastër.

6. E lemë kekun të ftohet në tepsi në një raft teli për 10 minuta. Hiqni buzën e tavës. Lëreni tortën të ftohet plotësisht në raft.

Shërbejeni të ngrohtë ose në temperaturë ambienti, të spërkatur me sheqer pluhur. Ruajeni të mbuluar në një tas të madh të përmbysur në temperaturën e dhomës deri në 24 orë.

Tortë me Polenta dhe Dardhë

polenta e ëmbël

Bën 8 racione

Mielli i verdhë i misrit i shton një strukturë të këndshme dhe nuancë të ngrohtë të artë kësaj torte fshatare nga Veneto.

1 filxhan miell për të gjitha përdorimet

një/3 filxhanë miell misri të verdhë të bluar imët

1 lugë çaji pluhur pjekjeje

një1/2 lugë çaji kripë

3/4 filxhanë (11/2 shkopinj) gjalpë pa kripë, i zbutur

3/4 filxhanë plus 2 lugë sheqer

1 lugë çaji ekstrakt i pastër vanilje

një1/2 lugë çaji lëvore limoni

2 vezë të mëdha

një 1/3 filxhan qumësht

1 dardhë e madhe e pjekur, me bërthama dhe të prera hollë

një. Vendosni një raft në mes të furrës. Ngrohni furrën në 350°F. Lyejeni dhe lyeni me miell një tepsi 9 inç në formë pranvere. Shkundni miellin e tepërt.

dy. Në një tas të madh, sitini miellin, miellin e misrit, pluhurin për pjekje dhe kripën.

3. Në një tas të madh me një mikser elektrik, shtoni 3/4 e filxhanit sheqer dhe rrihni gjalpin derisa të bëhet i lehtë dhe me gëzof, rreth 3 minuta. Hidhni vaniljen dhe lëkurën e limonit. Rrihni vezët një nga një, duke gërvishtur anët e enës. Me shpejtësi të ulët, shtoni gjysmën e përbërësve të thatë. Shtoni qumështin. Përziejini përbërësit e mbetur të thatë derisa të jenë të lëmuara, rreth 1 minutë.

Katër. Përhapeni brumin në tavën e përgatitur. Renditni fetat e dardhës në mënyrë që ato të mbivendosen pak. Spërkateni dardhën me 2 lugët e mbetura sheqer.

5. Piqeni për 45 minuta ose derisa torta të marrë ngjyrë të artë dhe një kruese dhëmbësh të dalë e pastër.

6. Ftoheni tortën në tepsi për 10 minuta në një raft teli. Hiqni buzën e tavës dhe ftohni tortën plotësisht në raft. Shërbejeni menjëherë ose mbulojeni me një tas të madh të përmbysur dhe ruajeni në temperaturën e dhomës deri në 24 orë.

cheesecake ricotta

tortë rikota

Bën 12 racione

Më pëlqen ta mendoj si një qumështor italian të stilit amerikan. Edhe pse ka një shije delikate me lëkurë limoni dhe kanellë, është një pandispanje e mrekullueshme. Ky kek piqet në bain-marie në mënyrë që të piqet në mënyrë të barabartë. Fundi i tenxhere është i mbështjellë me letër alumini për të parandaluar që uji të depërtojë në të.

11/4 filxhan sheqer

një/3 filxhanë miell për të gjitha përdorimet

një1/2 lugë çaji kanellë të bluar

3 paund rikota e skremuar e plotë ose e pjesshme

8 vezë të mëdha

2 lugë çaji ekstrakt të pastër vanilje

2 lugë çaji lëvore limoni

një. Vendosni një raft në mes të furrës. Ngrohni furrën në 350°F. Lyejeni dhe lyeni me miell një tepsi 9 inç në formë pranvere. Shkundni miellin e tepërt. Vendoseni tiganin në 12 inç letër alumini të rëndë. Mbështilleni fort fletën rreth bazës dhe rreth 2 centimetra mbi anët e tavanit në mënyrë që uji të mos dalë jashtë.

dy. Në një tas mesatar, përzieni së bashku sheqerin, miellin dhe kanellën.

3. Në një tas të madh, rrihni rikotën derisa të jetë e lëmuar. Rrihni vezët, vaniljen dhe lëkurën e limonit derisa të përzihen mirë. (Për një strukturë më të butë, rrihni përbërësit me një mikser elektrik ose përpunoni në një përpunues ushqimi.) Përziejini përbërësit e thatë derisa të përzihen.

Katër. Derdhni brumin në tavën e përgatitur. Vendoseni tavën në një tepsi të madhe dhe vendoseni në furrë. Derdhni me kujdes ujë të nxehtë në një thellësi prej 1 inç në fletën e pjekjes. Piqni për 1 1/2 orë, ose derisa pjesa e sipërme e tortës të marrë ngjyrë kafe të artë dhe një kruese dhëmbësh e futur 2 inç nga qendra të dalë e pastër.

5. Fikni furrën dhe mbajeni derën pak të hapur. E lemë kekun të ftohet në furrë për 30 minuta. Hiqeni tortën nga furra dhe hiqni mbështjellësin me fletë metalike. Ftoheni në temperaturën e dhomës në tigan mbi një raft.

6. Shërbejeni në temperaturë ambienti ose në frigorifer dhe shërbejeni pak të ftohur. Ruajeni të mbuluar në një enë të përmbysur në frigorifer deri në 3 ditë.

Tortë me rikota siciliane

maniok

Bën 10 deri në 12 racione

Cassata është lavdia e ëmbëlsirave siciliane. Ai përbëhet nga dy shtresa tepsi di Spagna (Biskotë) i mbushur me rikota të ëmbëlsuar dhe të aromatizuar. I gjithë pandispanja lyhet me dy glazura, njëra e aromatizuar me marzipan me ngjyrë dhe tjetra e aromatizuar me limon. Siçilianët e dekorojnë tortën me fruta të ëmbëlsuar vezullues dhe patate të skuqura marzipan për ta bërë atë të duket si një përrallë.

Fillimisht shërbehej vetëm në kohën e Pashkëve, kasata tani festohet gjatë gjithë vitit.

    dyBiskotështresat

1 kile rikota e skremuar e plotë ose e pjesshme

një1/2 filxhan sheqer pluhur

1 lugë çaji ekstrakt i pastër vanilje

një1/4 lugë çaji kanellë të bluar

një 1/2 filxhan çokollatë gjysmë të ëmbël të copëtuar

2 lugë lëvozhgë portokalli të ëmbëlsuar të copëtuar

formimi i akullit

4 ons gjalpë bajame

2 ose 3 pika ngjyrues ushqimor jeshil

2 te bardha veze

një/4 lugë çaji lëvore limoni

1 lugë gjelle lëng limoni të freskët

2 gota sheqer pluhur

Fruta të ëmbëlsuara ose të thata, si qershitë, ananasi ose mushti

një. Përgatisni tortën nëse është e nevojshme. Më pas, në një tas të madh, rrihni rikotën, sheqerin, vaniljen dhe kanellën me një rrahje teli derisa të bëhen të lëmuara dhe kremoze. Shtoni çokollatën dhe lëkurën e portokallit.

dy. Vendosni një shtresë keku në një pjatë për servirje. Përhapeni mbi të masën e rikotës. Sipër mbushjes vendosim shtresën e dytë të kekut.

3. Për dekorim, thërrmoni marzipanin në një përpunues ushqimi me një teh çeliku. Shtoni një pikë ngjyrosje ushqimore. Përpunoni derisa të merrni një nuancë uniforme të gjelbër të çelur, duke shtuar më shumë ngjyrë nëse është e nevojshme. Nxirreni marzipanin dhe grijeni në një trung të trashë të shkurtër.

Katër. Pritini pastën e bajameve për së gjati në 4 feta. Vendosni një fetë midis dy fletëve të letrës dylli. Duke përdorur një rrotull, rrafshoni në një rrip të ngushtë 3 inç të gjatë dhe 1-8 inç të trashë. Hapni dhe shkurtoni çdo skaj të ashpër, fshihni çdo thërrime. Përsëriteni me gjalpin e mbetur të bajames. Shiritat duhet të jenë afërsisht të njëjtën gjerësi me lartësinë e tortës. Mbështillini shiritat e marzipanit nga skaji në fund rreth skajeve të tortës, duke i mbivendosur pak skajet.

5. Mblidhim copat e marzipanit dhe i rrotullojmë sërish. Pritini në forma dekorative si yje, lule ose gjethe me prerëse biskotash.

6. Përgatitni glazurën: Rrihni të bardhën e vezës, lëkurën e limonit dhe ujin. Shtoni sheqerin e ëmbëlsirave dhe përziejeni derisa të jetë homogjene.

7. Përhapeni kremin në mënyrë të barabartë mbi tortë. Dekoroni tortën me marzipan dhe fruta të ëmbëlsuara. Mbulojeni me një tas të madh të përmbysur dhe vendoseni në frigorifer derisa të jeni gati për t'u shërbyer, deri në 8 orë. Mbetjet e mbetura ruhen në frigorifer deri në 2 ditë.

tortë me thërrime rikota

Sbriciolata di Ricotta

Bën 8 racione

Dredhja e ushqimit amerikan është shumë në modë tani në Milano dhe qytete të tjera të Italisë veriore. Ky është mendimi im për tortën me thërrime të mbushura me rikota që hëngra për paradrekë në një kafene jo shumë larg Piazza del Duomo në zemër të Milanos.

2 1/2 gota miell për të gjitha përdorimet

një 1/2 lugë çaji kripë

një 1/2 lugë çaji kanellë të bluar

3/4 filxhanë (1 1/2 shkopinj) gjalpë pa kripë

dy/3 gota sheqer

1 vezë e madhe

mbushje

1 kile rikota e skremuar e plotë ose e pjesshme

një1/4 filxhan sheqer

1 lugë çaji lëvore limoni

1 vezë e madhe, e rrahur

një1/4 filxhan rrush të thatë

sheqer ëmbëltore

një. Vendosni një raft në mes të furrës. Ngrohni furrën në 350°F. Lyejeni dhe lyeni me miell një tepsi 9 inç në formë pranvere. Shkundni miellin e tepërt.

dy.Në një tas të madh përzieni miellin, kripën dhe kanellën.

3.Në një tas të madh, rrihni gjalpin dhe sheqerin me një mikser elektrik në shpejtësi mesatare derisa të bëhen të lehta dhe me gëzof, rreth 3 minuta. Rrihni vezën. Me shpejtësi të ulët, shtoni përbërësit e thatë derisa masa të përzihet dhe të formohet një brumë i fortë, rreth 1 minutë më i gjatë.

Katër.Përgatitni mbushjen: përzieni rikotën, sheqerin dhe lëkurën e limonit derisa të bashkohen. Shtoni vezën dhe përziejini mirë. Shtoni rrushin e thatë.

5. Thërrmoni 2/3 e brumit në tavën e përgatitur. Hidhni fort thërrimet për të formuar koren e poshtme. Përhapeni me përzierje rikota, duke lënë një kufi 1/2 inç rreth saj. Thërrmoni brumin e mbetur sipër duke i shpërndarë thërrimet në mënyrë të barabartë.

6. Piqni për 40 deri në 45 minuta, ose derisa torta të marrë ngjyrë të artë dhe një hell i futur në qendër të dalë i pastër. Lëreni të ftohet në tigan në raft për 10 minuta.

7. Vendosni një shpatull të hollë metalike rreth pjesës së brendshme të tiganit. Hiqni buzën e tepsisë dhe ftohni plotësisht kekun. Spërkateni me sheqer pluhur përpara se ta shërbeni. Ruajeni të mbuluar në një tas të madh të përmbysur në frigorifer deri në 2 ditë.

puding buke me biskota

miasia

Bën 8 deri në 10 racione

Biskotat e thata dhe thërrimet e kekut mund të shkojnë mirë në këtë ëmbëlsirë të përgatitur nga një amvise kursimtare. Është aq e mirë sa askush nuk do ta merrte me mend se është bërë nga mbetjet. Shërbejeni pak të ngrohtë ose në temperaturë ambienti. Dekoroni me salcë frutash, krem pana ose akullore.

6 gota bukë italiane ose franceze ose briosh të prera në kubikë

3 filxhanë biskota ose biskota të tjera, të prera ose të grimcuara rëndë

6 gota qumësht

4 vezë të mëdha

1 gote sheqer

3 1/4 filxhan rrush të thatë

4 ons çokollatë të hidhur ose gjysmë të ëmbël, të copëtuar ose me copëza çokollate

2 lugë bajame të grira

sheqer ëmbëltore

një. Kombinoni bukën, thërrimet e biskotave dhe qumështin në një tas të madh. Lëreni të qëndrojë për 1 orë ose derisa qumështi të përthithet.

dy. Vendosni një raft në mes të furrës. Ngrohni furrën në 375°F. Lyeni me yndyrë një tavë pjekjeje 13×9×2 inç.

3.Rrihni vezët dhe sheqerin. Shtoni vezën, rrushin e thatë dhe përzierjen e çokollatës në bukën e njomur. Përhapeni masën në tavën e përgatitur. Sipër spërkatni bajame. Piqeni për 1 orë ose derisa pjesa e sipërme të marrë ngjyrë të artë dhe thika e futur 2 centimetra nga buza e pjatës të dalë e pastër.

Katër. Shërbejeni të ngrohtë ose të ftohtë, të spërkatur me sheqer pluhur. Ruajeni në frigorifer, të mbuluar me mbështjellës plastik, deri në 3 ditë.

byrek me mollë dhe dardhë

Torta di Pere e Mele

Bën 8 racione

Më shumë si një puding buke e lagur sesa një tortë, kjo ëmbëlsirë është ëmbëlsira perfekte e vaktit pas dimrit. Shërbejeni të nxehtë ose të ftohtë me krem pana ose akullore ose një gotë verë të ëmbël.

Gjysmë bukë e vogël italiane ose franceze, e prerë në kube 1 inç (rreth 2 gota)

2 gota qumësht

4 lugë gjalpë pa kripë

2 dardha mesatare, si Bartlett ose Anjou, të qëruara, të prera dhe të prera hollë

2 mollë mesatare, si p.sh. e shijshme e artë ose mutsu, të qëruara, me bërthama dhe të prera hollë

1 gote sheqer

3 vezë të mëdha

1 lugë çaji lëvore limoni

një 1/2 lugë çaji kanellë të bluar

një 1/2 filxhan rrush të thatë

një. Në një tas të madh, bashkoni bukën dhe qumështin. Prisni derisa lëngu të përthithet.

dy. Shkrini gjalpin në një tenxhere mesatare mbi nxehtësinë mesatare. Shtoni dardhat, mollët dhe sheqerin. Mbulojeni dhe gatuajeni për 10 minuta, duke e përzier herë pas here. Nëse ka shumë lëngje në tigan, hapni kapakun. Gatuani derisa frutat të jenë shumë të buta dhe lëngjet të jenë trashur, rreth 10 deri në 15 minuta më shumë.

3. Vendosni një raft në mes të furrës. Ngrohni furrën në 400°F. Lyeni me yndyrë një tavë pjekjeje katrore 9 inç.

Katër. Rrihni së bashku vezën, lëkurën e limonit dhe kanellën. Përzierjen ia shtoni bukës së njomur. Shtoni frutat e ziera dhe rrushin e thatë dhe përziejini mirë. Derdhni masën në tavën e përgatitur dhe lëmoni sipër. Piqni për 40 deri në 45 minuta ose derisa pjesa e sipërme të jetë e artë dhe një kruese dhëmbësh e futur të dalë e pastër.

5. Shërbejeni të nxehtë ose në temperaturë ambienti. Ruajeni në frigorifer, të mbuluar me mbështjellës plastik, deri në 3 ditë.

pastë e thjeshtë

Makarona Frolla

Bën një kore byreku 9-10 inç

Lëkura e freskët e limonit ose portokallit të grirë i shtohet shpesh kësaj brumë për shije të shtuar.

1 1⁄2 filxhan miell për të gjitha përdorimet

një 1/4 filxhan sheqer

një 1/2 lugë çaji kripë

8 lugë gjelle (1 shkop) gjalpë të ftohtë pa kripë, të prerë në copa

2 lugë gjelle shkurtues perimesh të ftohtë

1 e verdhë veze e madhe

1 lugë çaji ekstrakt i pastër vanilje

3 deri në 4 lugë ujë akull

një. Përzieni miellin, sheqerin dhe kripën në një tas të madh.

dy. Pritini vajin në copa të vogla. Përzierjes së miellit i shtoni gjalpin dhe shkurtimin. Duke përdorur një mikser ose pirun, përzieni gjalpin dhe gjalpin në miell derisa të ngjajnë me thërrime të vogla.

3. Në një tas të vogël përzieni të verdhat e vezëve, vaniljen dhe 3 lugë ujë. Masën e derdhim sipër miellit dhe e trazojmë me pirun. Merrni pak nga masa në duar dhe shtrydhni shpejt derisa të qëndrojë së bashku. Përsëriteni me pjesën tjetër të brumit derisa përbërësit të qëndrojnë së bashku dhe të formojnë një top. Nëse përzierja duket shumë e thatë dhe e brishtë, shtoni një lugë çaji ujë të ftohtë. Mblidhni brumin në një disk. Mbështillen me mbështjellës plastik. Lëreni në frigorifer për 1 orë deri në një natë.

www.ingramcontent.com/pod-product-compliance
Lightning Source LLC
Chambersburg PA
CBHW071235080526
44587CB00013BA/1625